流量红利渐退　价值创新正当时

三十而立
再 出 发

互联网平台的
发展、治理与转型

张春飞　王甜甜　张子淇 等◎著

人民邮电出版社

北 京

图书在版编目（CIP）数据

三十而立再出发 ： 互联网平台的发展、治理与转型 /

张春飞等著. -- 北京 ： 人民邮电出版社，2024.7

ISBN 978-7-115-64840-2

Ⅰ．F490.6

中国国家版本馆 CIP 数据核字第 2024D3P903 号

内 容 提 要

本书从互联网的兴起讲起，引出平台模式的崛起；然后从超级平台与竞争规制、社交媒体平台与网络生态治理、平台经济与数据治理、平台经济与算法治理这 4 个方面深入探讨互联网平台带来的治理难题与全球主要国家和地区的治理应对措施，总结了当前主要国家和地区的平台经济发展情况，分析了各个国家和地区的平台治理思路与举措；最后提出推动我国平台经济高质量发展的思考和建议。

本书适合从事平台经济治理研究工作的从业人员、相关监管部门的工作人员，以及对互联网平台经济发展感兴趣的人士阅读。

◆ 著　　　　　张春飞　王甜甜　张子淇　等
　　责任编辑　孙馨宇
　　责任印制　马振武
◆ 人民邮电出版社出版发行　　北京市丰台区成寿寺路 11 号
　　邮编　100164　电子邮件　315@ptpress.com.cn
　　网址　https://www.ptpress.com.cn
　　固安县铭成印刷有限公司印刷
◆ 开本：720×960　1/16
　　印张：11.75　　　　　　　2024 年 7 月第 1 版
　　字数：162 千字　　　　　 2025 年 7 月河北第 2 次印刷

定价：79.90 元

读者服务热线：(010)53913866　印装质量热线：(010)81055316
反盗版热线：(010)81055315

编辑委员会

前言

2024 年是我国全功能接入国际互联网的第 30 年。在 30 年的发展中，我国互联网行业实现了从无到有、从弱到强的跨越式发展。党的十八大以来，我国从网络大国向网络强国阔步迈进，建成了全球规模最大、技术领先的网络基础设施，新产业、新业态、新模式蓬勃兴起，互联网与经济社会各领域加速融合，给人们的生产生活带来巨大变化。正是在这一时期，平台企业日渐崛起，影响力与日俱增，成为数字时代最突出的商业变革之一，平台经济也成为数字时代具有代表性的新经济形态。

平台并不是一个新的概念，但是在网络和数字技术的支撑下被赋予了新的内涵。本书认为互联网平台是一种通过信息通信技术，使相互依赖的双边或多边主体在特定规则下交互与匹配，共同创造价值的商业组织形态。平台经济则是以平台为主要载体，以信息基础设施为重要支撑，以数据资源为关键生产要素，通过信息技术连接、汇聚、整合多类市场主体和资源，基于互联网平台组织起来的各种经济活动的总称。作为不同于传统工业经济的产业组织模式，平台经济的主要特点有：一是连接性，平台的本质特征是连接，通过连接相关方而创造价值，平台经济依靠信息通信网络和新一代信息技术，打破时间和空间约束，促成平台上各类主体之间的高效连接、精准匹配和高频交互，拓展了平台服务的广度和深度。二是规模性，平台经济具有显著的网络效应和规模效应，能以较低的边际成本快速实现指数化的用户增长和数据积累，不断拓宽规模经济和范围经济的边界，资源优势高度集中。三是生态性，平台聚集海量用户和多方参与者，构成动态多样、资源共享、能力互补、协同创新、共生共赢的平台经济生态系统，打破传统产业模式的线性价值链和增长范式，不断催生新产业、新业态、新模式，形成新的就业渠道，加速经济社会数字化变革。

近年来，我国平台经济快速发展，无论是规模还是影响力都位居世界前列，在引领我国经济社会发展中的作用日益凸显，已经成为贯通经济循环、增进民生福祉的重要力量。从平台经济的发展历程来看，用户驱动、政策驱动、企业家驱动是我国能够在互联网变革浪潮中抓住机遇，推动平台经济发展壮大的关键因素。首先，我国庞大的人口体量蕴藏着巨大的人口流量机遇，丰富的应用场景带来了充满潜力的市场需求，奠定了我国平台经济发展的规模效应基础，为平台商业模式的快速创新和迭代应用创造了条件。同时，我国始终以积极、开放、包容的态度，鼓励和支持互联网发展，出台一系列支持互联网企业发展的政策，增值电信业务扩大开放、VIE 股权架构等制度设计有力激发了民营企业创新活力、打通了产业链创新链资金链，为互联网发展营造了一个鼓励创新、公平公正、宽容包容的市场环境。正是在这样的背景下，一批具有国际影响力的平台企业涌现出来，成为我国平台经济发展的重要力量。

平台经济在变革产业增长逻辑和发展范式的同时，不可避免地带来了对传统治理模式和规则的挑战，关于互联网平台治理的有关议题也开始逐渐进入各国监管机构视野，主要经济体围绕竞争规则、信息安全、数据治理、算法治理等重点方面，在推动立法修法、创新治理工具等层面展开积极探索。近年来，我国也加快推动平台经济治理体系建立健全。关于如何治理平台的具体讨论仍在继续，许多问题尚无定论，且随着信息技术的演进和创新，新的治理议题仍在不断出现。

随着传统流量增长驱动力的减弱，平台经济发展进入了新阶段，其增长逻辑正发生深刻转变。当前，我国平台经济正处在向高质量发展转型的关键时期，迫切需要新要素支撑、新动能培育、新空间拓展、新价值升级，在高质量发展道路上实现转型突破，从模式创新主导向科技创新驱动转变，从消费互联网主导向工业互联网与消费互联网协同发展转变，从追求规模增长向更加兼顾社会效益转变，以打造形成具有全球竞争力的平台经济生态。

2023 年《政府工作报告》明确提出，促进平台经济健康持续发展，发挥其带动就业创业、拓展消费市场、创新生产模式等作用。2024 年《政府工作报告》再次强调，支持平台企业在促进创新、增加就业、国际竞争中大显身手。平台经济向高质量发展的转型，是企业和政府双向发力的过程，企业侧要主动把握人工智能等新一代信息技术创新发展机遇，积极贯彻国家要求，加快平台企业转型发展步伐；政府侧则要着力营造良好发展环境，畅通创新要素供给，形成平台经济发展新支撑。新时代新征程上，平台经济和平台企业仍将大有可为。

值此我国全功能接入国际互联网 30 年之际，站在全球视角下，对互联网平台的发展和治理进行系统梳理、总结和分析，对于我国面向下一个十年，更好推动平台企业转型发展，谱写互联网行业高质量发展新篇章，开创网络强国建设新局面具有重要意义。

笔者

2024 年 5 月

目录

第一章

互联网平台的崛起

一、互联网的演进与平台模式的兴起

（一）互联网的诞生与商业化发展

互联网的起源可以追溯至20世纪60年代美国的阿帕网。阿帕网创建后，更多的计算机开始加入该网络。1973年6月，阿帕网在挪威接通了美国之外的第一个节点，9月，英国伦敦大学学院也连接到阿帕网。同年，"互联网"这个专有名词诞生。随着接入节点的增加，最初的网络控制协议（NCP）因对节点及用户机数量存在限制，无法再满足需求。1974年，鲍勃·卡恩和温顿·瑟夫提出传输控制协议（TCP），后于1978年演变为传输控制协议/互联网协议（TCP/IP）。作为一种允许路由器将数据包传输到最终目的地的全球寻址机制，TCP/IP为阿帕网向互联网演变奠定了基础。

20世纪80年代，台式计算机的出现、集成电路技术的空前进步，以及计算机价格的迅速下降使局域网（LAN）得以快速发展。然而，接入网络计算机数量的增加令跟踪不同的IP地址变得困难。1983年，保罗·莫卡派乔斯和乔恩·波斯特尔发明了域名系统（DNS），相当于互联网的电话簿，将难以记住的IP地址转换为简单的名称，为万维网的创建打下基础。

此外，值得一提的是，电子邮件成为阿帕网发展过程中的一个"意外之喜"。1971年，雷·汤姆林森发明了通过分布式网络发送消息的电子邮件（email）程序，并提出使用"@"符号来表示目的地。

互联网真正获得快速发展与普及始于20世纪90年代。1989年，蒂姆·伯纳斯·李提出了一种新的方法来构建和连接欧洲核子研究组织（CERN）计算机网络上的所有可用信息，使其能够被快速地访问。蒂姆·伯纳斯·李的"信息网络"最终成为我们所熟知的万维网。1993年，Mosaic浏览器的创建进一步推动了互联网的大众化发展，网站数量从1993年6月的130个迅速增长为1996年年初的10万个。1994年，以网页浏览器网景（Netscape）的问世为标志，互联网商业化浪潮正式开启。同年，经国务院批准，我国实现与国际互联网的全功能连接，成为互联网大家庭中的一员。1993—1996年网站数量变化情况见表1-1。

表 1-1　1993—1996 年网站数量变化情况

时间	网站数量 / 个
1993 年 6 月	130
1993 年 12 月	623
1994 年 6 月	2738
1994 年 12 月	10022
1995 年 6 月	23500
1996 年 1 月	100000

随着互联网的商业化发展，大量资金疯狂涌入，互联网相关企业的股票价格被推高到不合理且不可持续的水平。1995—2000年，以科技股为主的纳斯达克综合指数从743点上涨至5048点，这一时期被称为"互联网泡沫"时期。然而，随着美国联邦储备系统加息，互联网泡沫开始破灭，2002年10月，纳斯达克综合指数已跌至1139点，几乎抹去互联网泡沫时期的所有涨幅。

互联网泡沫虽然破灭，但互联网发展的步伐并未停止。进入新世纪，互联网范式由只读网络（也被称为Web 1.0）向为用户提供读写能力的Web 2.0

转变，用户不再只是被动地浏览网站内容，还可以主动贡献和生成内容，用户之间的交互显著增强，社交网站、博客均是典型的Web 2.0应用。Web 2.0在首次提出时，"网络即平台"被认为是其首要含义，即企业不再"卖产品"，而是转向"卖服务"，担任用户之间的中间人，并强调了用户参与所贡献的集体智慧和因此产生的网络效应的重要性。例如，亚马逊会利用评论等用户活动进行实时计算，生成更优的商品搜索结果，而不仅仅基于销售额，由此也会吸引更多的用户、获得更高的参与度。这一解释似乎已经预见了平台模式的商业成功，但其真正崛起却是在移动互联网时期。

（二）移动互联网的发展与平台企业的崛起

20世纪70年代末，无线电技术的进步和软件控制交换机的使用促进了支持语音和数据服务的移动通信网络的初步发展。然而，1G只是在单个语音频带电路上工作的低速数字编码器，仅能提供2.4kbit/s的数据下载速率。2G于20世纪90年代初被推出，虽然此时语音服务仍然占据主导地位，但从模拟技术到数字技术的转变使短消息业务（SMS）得以实现，数据下载速率也提高到9.6kbit/s。

进入21世纪，随着3G的推出，互联网与移动通信服务出现交集。3G支持手机等移动设备通过通信网络传递信号以连接到互联网，并可提供更快的数据传输速率和更高的网络可靠性。根据国际电信联盟（ITU）定义的3G标准，移动终端以车速移动时，数据传输的最低速率应为144kbit/s，室外静止或步行时的最低速率应为384kbit/s，在室内的最低速率则应达到2Mbit/s。与此同时，智能手机取得快速发展。2009年，4G的推出，以及Wi-Fi标准对多输入多输出（MIMO）技术的引入，推动全球步入移动互联网时代。

此后，平台企业迎来发展黄金期。自2009年起，全球网民数量十年间增长了约27亿，2017年，全球网民普及率首次突破50%。谷歌、亚马逊、脸书[1]等平台企业强力崛起。2012年5月18日，脸书正式登陆纳斯达克[2]，开盘价市值达到1152亿美元，成为历史上规模最大的一宗科技公司IPO[3]。

2008—2022年全球网民规模及普及率变化情况如图1-1所示。

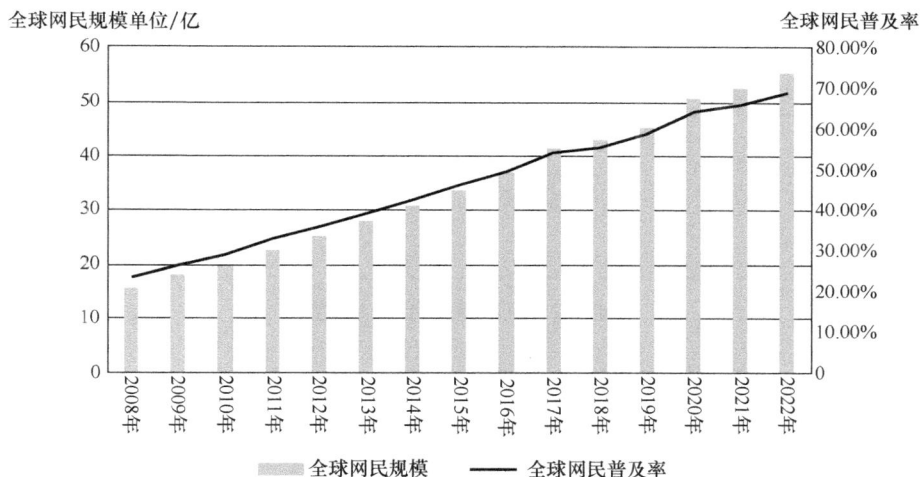

图 1-1　2008—2022 年全球网民规模及普及率变化情况

（三）平台模式的特征

互联网平台其实就是一种连接两个或多个群体的市场组织，促进不同群体之间的交互与匹配是其主要功能。从要素构成看，互联网平台可以分为技术、规则与应用这三个层面。其中，技术层包括网络、数据与算法等底层要素，为互联网平台上的用户活动提供基础支持；规则层包括准入、交互、评价、退出等，为互联网平台用户的行为提供规范；应用层主要指互联网平台上的双边或多边用户群体基于互联网平台开展交互活动。

1　现已更名为 Meta。
2　纳斯达克是美国的一个电子证券交易机构。
3　IPO（首次公开募股）是指一家企业第一次将其股份向公众出售。

互联网平台架构示意如图1-2所示。

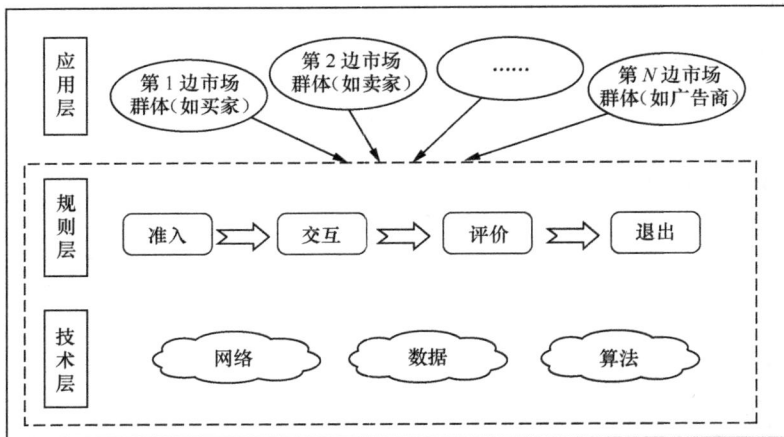

图 1-2 互联网平台架构示意

事实上，平台模式早在几千年前就存在，如古代集市、媒人中介等。但是，直到互联网时代的到来，平台的价值得到最大限度发挥，平台模式在更大的地理空间和人口规模中得到广泛应用。平台企业的崛起，主要得益于以互联网为核心的信息技术带来交易成本的极大降低，这使平台模式的网络效应，特别是跨边网络效应被发挥到极致。

对平台企业提供的基于互联网的信息产品或服务而言，通常固定成本占比较大，而可变成本接近于零，即用户规模越大，互联网平台提供的信息产品或服务的平均成本就越低。因此许多互联网平台具有规模经济的特征。例如，由于亚马逊云服务平台每月为数百万活跃用户提供服务，因此其可以不断降低成本，从而让用户享受到更低的价格。

网络效应是指一个网络产品或服务对用户的价值取决于网络中其他用户的数量。例如，网约车平台连接了乘客与司机。随着司机的不断加入和城市覆盖率的提高，乘客候车时间不断缩短，司机的空载时间也将缩短，从而可以吸引更多的乘客和司机加入平台。与此同时，空载时间的缩短还意味着即使在车费降低的情况下，也可以保证司机的收入不会下降，因为在相同的工作时间内有了更多的乘客。而价格的降低可能会带来更多的需求，形成良性循环。

网约车平台网络效应示意如图1-3所示。

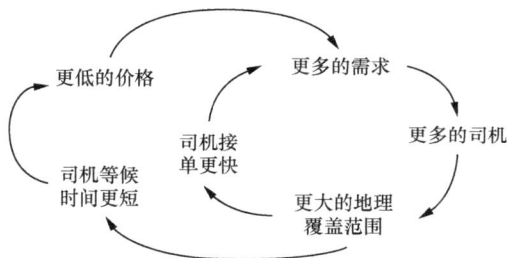

图 1-3　网约车平台网络效应示意

正因如此，许多互联网平台在发展初期的目标便是快速扩大规模，这一方面可以充分发挥规模经济的特征，另一方面可以有效激活网络效应。平台企业可能会加大对固定成本的投资，以打造吸引用户的最佳产品或服务，从而获取更多用户，降低平均成本，进而为用户提供在质量和价格上都更有吸引力的产品或服务。例如，亚马逊开发了针对大规模云进行优化的硬件和软件，并收购了许多能够提供大规模部署能力的服务器和网络设备制造商。根据Gartner的数据，早在2014年，亚马逊云服务的计算能力就已经是接近它的12家竞争对手总和的5倍。亚马逊云服务的计算和存储能力越强，对用户而言就越有吸引力，就越有可能创造规模经济，激发网络效应。与此同时，为了达到网络效应所需要的临界点，平台企业往往还会采取补贴一边用户进而吸引另一边用户的非对称价格策略。例如，谷歌搜索引擎虽然对普通用户是免费的，但对广告商却要收取相应费用。

除具备显著的规模经济和网络效应特征外，互联网平台还可以通过业务纵向、横向扩展或向开发者开放平台等方式获得进一步的成本优势和价值增值，从而建立起重要的协同效应。协同效应可以被简单地表示为"1+1＞2"。例如，2007年脸书推出开放平台，释放出巨大的协同效应——以平均每年增加2亿用户的速度迅速成长为庞大的社交网络平台；腾讯微信小程序的推出也具有类似的协同效应：2020年年初微信团队公布的相关数据显示，2019年微信小程序日均活跃用户数量超过3亿，累计创造8000亿元交易额，同比增长160%。

随着技术的演进，平台模式也在不断创新，先后出现了门户模式、搜索模式、社交模式和算法模式，见表1-2。但无论哪种模式，如何更加有效地促进双边或多边市场的交互与匹配始终是其不变的根本。

表 1-2　平台经济的 4 种主要模式

模式		门户模式	搜索模式	社交模式	算法模式
主要驱动力		网站编辑	搜索算法	社交关系网	数据＋算法
典型代表	信息内容类	雅虎、新浪	谷歌、百度	脸书、微博	抖音
	网络交易类	亚马逊、易贝（eBay）、淘宝		拼多多	优步、滴滴
信息匹配方式		编辑分类投放，消费者分类查找	平台提供搜索框，用户通过关键词检索信息	人人都能成为内容生产者，平台提供公众号、微社群等方式促进匹配	人人都能成为内容生产者，平台借助算法，进行用户的个性化信息匹配
核心价值		更有效地促进双边或多边市场之间的交互与匹配			

二、平台企业走到世界经济舞台中央

2009年以前，全球市值前十企业中仅有微软一家平台企业，而2017年升至7家。统计显示，2018年全球前十企业中平台企业市值比重已由2008年的

8.2%上升至77%，规模达到4.08万亿美元，较2008年增长了22.5倍。平台模式已成为企业生产经营的重要组织方式，平台经济也成为全球经济增长的重要引擎。

全球市值前十企业中平台企业的数量与占比如图1-4所示。

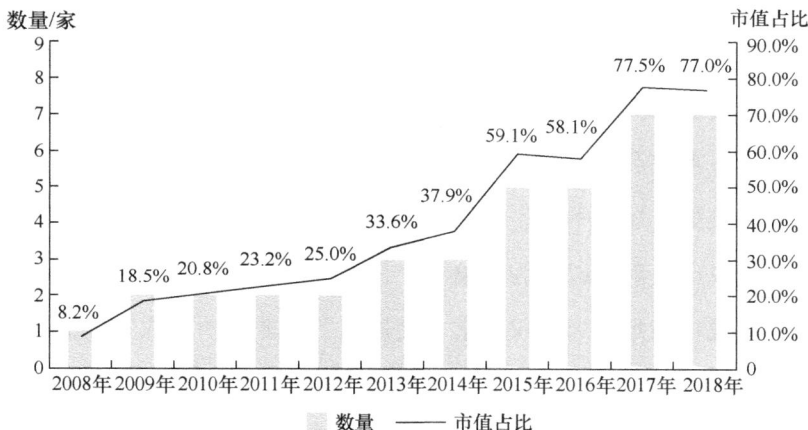

数据来源：中国信息通信研究院。

图1-4 全球市值前十企业中平台企业的数量与占比

从平台企业进入榜单的先后顺序看，第一代是个人计算机（PC）端操作系统类平台，如微软的Windows平台。1980年，微软拿到了为IBM提供PC端操作系统的合同。微软通过将其操作系统授权给IBM和其他计算机制造商，从中赚取许可费。得益于IBM在PC市场的领先地位，微软很快在PC端操作系统市场站稳脚跟。随着基于Windows开发的软件越来越多，Windows在PC端操作系统的市场地位得到进一步巩固，这成为网络效应的经典案例。第二代是移动端操作系统和应用商店类平台，这主要得益于移动互联网的发展。苹果凭借其操作系统（iOS）和应用商店（AppStore）在移动端的成功，成为2012年全球市值最高的公司。苹果应用商店创建了一个典型的双边市场。

2007年，为了更好地抓住移动互联网带来的机遇，谷歌推出了安卓系统，并通过免费开放安卓核心源代码（开源）吸引移动设备制造商、App开发商进入安卓生态，激活了安卓系统的网络效应。凭借安卓系统，谷歌搜索在移动端的市场份额很快超过PC端。移动互联网时代的成功，令谷歌于2013年跻身全球市值前十企业。第三代是互联网应用类平台，如网络交易平台企业亚马逊和阿里巴巴、社交平台企业脸书和腾讯。这些应用类平台企业的快速崛起，很大程度上也得益于移动互联网的普及。

另外，一些在移动互联网兴起之后诞生的"分享经济"类平台企业得以快速发展。例如，短租平台、网约车平台等。在这类平台上，任何拥有闲置资产的个人或企业都可以成为供给方，极大降低了各类主体参与生产和服务的门槛，并成功满足了那些仅追求"使用权"而非"所有权"的需求方，使供需双方都得以获益。而美国的爱彼迎、优步及我国的滴滴正是这类平台的典型代表。其中，爱彼迎于2008年在美国旧金山成立，于2020年12月初首次公开募股（IPO），估值为470亿美元，要价为每股68美元，成为当年美股的最大IPO，且首日收盘股价便涨至约145美元，市值达到1000亿美元。在上市当日，这个平台企业的市值便超过了传统酒店巨头希尔顿和万豪的市值总和（718亿美元）。截至2023年年底，爱彼迎在全球范围内已拥有超过500万名房东、超过770万套活跃房源。优步于2009年3月在美国旧金山成立。在不到5年的时间里，优步挑战并颠覆了全球超过200个城市的传统出租车业务，投资者对其估值超过500亿美元。2019年5月，优步在美国以每股定价45美元正式挂牌上市，成为自2014年阿里巴巴在纽约证券交易所上市以来规模最大的一次IPO。截至2023年年底，优步月活跃用户数为1.5亿，全球服务城市超过700个。在移动互联网、智能手机的发展与普及下，平台企业开始走到世界经济舞台的中央。

三、我国平台经济的蓬勃发展

自1994年我国全功能接入国际互联网以来，我国网络基础设施、应用基础设施能力稳步提升，互联网产业规模迅速壮大。与此同时，互联网平台经济蓬勃发展，带来商业模式创新与产业组织变革，在经济社会发展全局中的地位和作用日益凸显。总体来看，直到2020年，我国互联网平台经济发展大致经历了以下三大阶段。

第一阶段，互联网进入大众视野，互联网应用应运而生，我国互联网平台经济开始起步。从1997年10月到2000年12月，我国网民数量从62万人迅速增加到2250万人。与此同时，门户网站、电商网站等互联网应用相继诞生，我国互联网平台经济迅速发展。2005年，我国网民数量突破1亿人，跃居世界第二位，为互联网平台经济的发展繁荣奠定了坚实的用户基础。在此阶段，互联网平台的核心作用主要体现在连接双边市场、促进信息沟通、降低交易成本等方面，例如电商网站连接买家与卖家双边用户，提高了双方匹配效率。此时的互联网平台盈利模式较为单一，主要是广告，其市场影响力尚未明显体现。

第二阶段，领先平台企业初具规模，我国互联网平台经济成长壮大。2008年6月，我国网民规模达到2.53亿，跃居世界第一。2008年年末，我国网民规模达到2.98亿，较2007年增长41.9%，互联网普及率达22.6%，超过全球21.9%的平均水平，初步形成互联网发展的用户规模效应。与此同时，大型平台企业在搜索引擎、电子商务、社交网络等领域的领先格局基本形成，百度、阿里巴巴、腾讯的市值先后超过100亿美元，跨入世界一流互联网企业阵营。此后，各企业纷纷开始通过开放平台资源形成商业生态的模式来加强其核心优势。相应的，互联网平台的价值核心逐渐由搭建信息平台转向商业生态建设。孵化高价值商业生态业务成为平台的发展目标之一，商业分成等盈利模式不断丰富。阿里巴巴率先启动"大淘宝"战略，开放应用程序接口（API），将第三方开发者和开发公司纳入淘宝生态系统；腾讯构建了以Q+开放平台、腾讯社区开放平台为核心的社交开放平台体系；百度构建了基于网页搜索应用的开放平台，使开发者可以在百度搜索结果中直接展示或销售自己的产品或服务，为形成超级互联网平台生态埋下伏笔。

案例： 淘宝开放平台

2008年9月，阿里巴巴宣布启动"大淘宝"战略，正式推出淘宝开放平台，旨在以面向第三方的开放式电子商务服务架构，吸引合作伙伴共筑电商生态圈，形成规模效应。初期，淘宝开放平台主要通过开放服务商后台系统、卖家浏览工具等各类API供各领域从业者、商家接入，以开展电商业务。根据电子商务研究中心数据，在淘宝开放平台推出后的约三年时间内（截至2011年10月底），开放API的数量为297个，累计注册开发者人数超24万，日均调用量约15亿次。而如今，淘宝开放平台对外开放的API已超过一万个，涵盖了淘宝核心交易和各项垂直业务的主要流程，日均API调用量超百亿。支持的业务方向主要分为电商后台和商家应用两类，目标对象包括第三方开发者、软件服务商、品牌商家等，盈利模式包括应用销售分成、淘宝客成交抽佣、淘宝客工具分成、按效果付费广告分成等。总体而言，淘宝开放平台使开发者可以获取丰富的API和开发工具，降低了开发成本和门槛；使商家可以提高订单处理、物流配送等环节的运营效率，降低库存积压和资金占用等风险；使用户可以获得个性化的购物体验、优质的售后服务等，成为推动阿里巴巴电商生态系统发展和创新的重要引擎。

案例：腾讯开放平台

2010年9月，腾讯社区开放平台正式上线，主要依托于QQ空间和朋友社区（QQ校友），对第三方应用开发者进行开放。2011年5月，腾讯通过官方网站正式推出QQ开放平台Q+。2011年6月，腾讯正式宣布开放战略。同年，腾讯开放平台正式上线，并启动了全球合作伙伴大会。目前，腾讯开放平台已形成以应用开放平台、微信开放平台、AI开放平台、内容开放平台、QQ开放平台为核心的综合性开放系统。其中，应用开放平台是为广大移动端应用开发者提供的平台，支持移动软件、移动游戏、PC应用和网站应用的接入；微信开放平台是一个面向第三方开发者的平台，通过微信开放平台，开发者可以将其应用和服务接入微信的社交网络、支付系统、消息推送等功能；AI开放平台旨在通过腾讯品牌、创业投资和流量广告等资源，为AI技术及产品找到更多的应用场景；内容开放平台旨在使内容创作者生产的内容可以通过微信、QQ、QQ空间、腾讯新闻等平台进行分发；QQ开放平台主要是为QQ合作伙伴提供多维业务服务与用户管理能力的平台。总体而言，腾讯开放平台旨在通过整合腾讯内部核心资源，在研发、设计、推广、营收转化、产品体验等方面赋能合作企业。

案例：百度开放平台

随着搜索引擎日益成为互联网用户获取信息的主要途径，为用户提供更加精准、丰富、个性化的搜索结果对于提升用户体验和增强用户黏性至关重要。在此背景下，百度决定开放其搜索平台，允许开发者将自己的内容或服务直接嵌入搜索结果，为用户提供更加直接、便捷的访问方式。2010年9月，百度开放平台正式上线运营，包括数据开放平台和应用开放平台。其中，百度数据开放平台基于百度框计算（阿拉丁），连接了站长优质数据和百度搜索结果。站长通过提交结构化优质数据，获得百度搜索结果页"即搜即得"的搜索展现。百度应用开放平台旨在推动更多互联网优质应用资源与网民需求直接对接，方便网民"即搜即得"。上线一年多后，百度开放平台和400多家合作伙伴实现了合作，覆盖人们出行、娱乐、商务、工作等生活的方方面面，每天响应约一亿次搜索请求。

第三阶段，移动互联网时代到来，互联网与经济社会各领域加速融合，平台企业迅速崛起，平台经济规模快速增长，我国互联网平台经济跻身全球第二。2012年，我国手机网民数量首次超过台式计算机网民数量。2013年12月，工业和信息化部正式发放4G牌照，仅一年多时间，我国就建成了全球规模最大的4G网络。截至2014年6月，我国网民手机上网使用率达83.4%，首次超越个人计算机的使用率。进入4G时代后，平台经济开始真正大放光彩。

这一阶段，传统平台企业在开放平台基础上，通过资本运作、战略合作、流量开放等多种方式深入各个领域，形成了以自身核心业务平台为主、多业务平台价值关联的大生态体系，成为超级互联网生态企业。其中，阿里巴巴和腾讯更是借助在移动端的创新，成功跻身全球领先平台企业行列。

这一阶段，一批直接基于移动互联网发展起来的平台企业快速崛起，如滴滴出行、美团大众点评、今日头条、拼多多等。2013—2020年，我国价值百亿美元以上的大型平台企业数量增长速度明显加快，平均每年新增4家。与此同时，大型平台企业的成长周期不断缩短。据统计，网易、携程等我国早期平台企业，从起步到市值/估值超过100亿美元，用了超过10年的时间；

百度、阿里巴巴、腾讯也用了7～9年。而诞生于移动互联网时代的超大型平台的成长周期则普遍在6年以下，有些甚至仅需2～3年。从订单量的维度来看，淘宝实现日均1000万单大概用了8年，而美团大众点评、滴滴出行等平台则用了3～4年。

中国超大型平台企业数量如图1-5所示。超大型平台成长周期演变趋势如图1-6所示。

单位/家

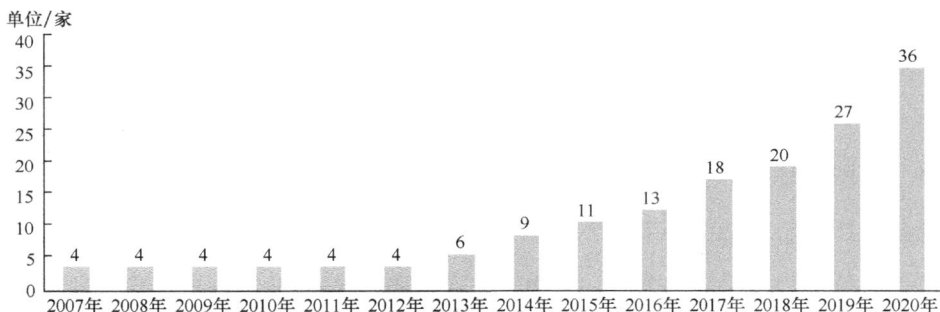

数据来源：中国信息通信研究院，截至2020年12月31日。

图1-5 中国超大型平台企业数量

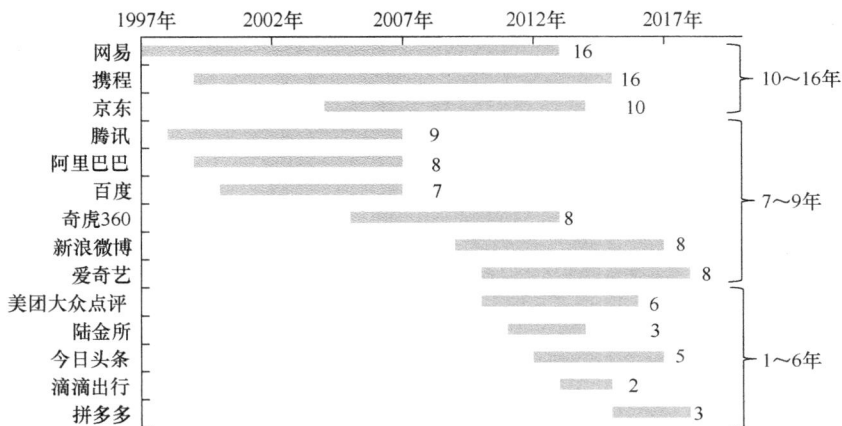

数据来源：中国信息通信研究院。

图1-6 超大型平台成长周期演变趋势

2015年"提速降费"政策正式实施，对降低社会数字化总成本、促进互联网创新发展起到了重要作用。同年7月，"互联网+"行动计划发布，互联网平台与传统产业的融合进一步加速，涉及领域和范围更加广泛。金融、医疗、住宿等垂直领域也逐渐涌现出一批新兴独角兽平台。据统计，2017年我国以互联网平台为依托销售实物或提供线下相关服务的垂直型独角兽企业达到了48家，例如物流领域的运满满、在线短租领域的小猪短租、共享办公领域的优客工场、在线医疗领域的春雨医生等。与此同时，一些传统产业企业也逐渐采用互联网平台的协同共享模式，创新其生产和经营模式。

2020年，人们的购物、娱乐、医疗、教育、办公等活动逐渐向线上转移，我国平台经济快速发展。截至2020年年底，我国价值超10亿美元的平台企业达197家，比2015年新增了133家，平均以每年新增超26家的速度快速扩张。从价值规模来看，2015—2020年，我国超10亿美元互联网平台总价值由7702亿美元增长到35043亿美元，年均复合增长率达35.4%，如图1-7所示。

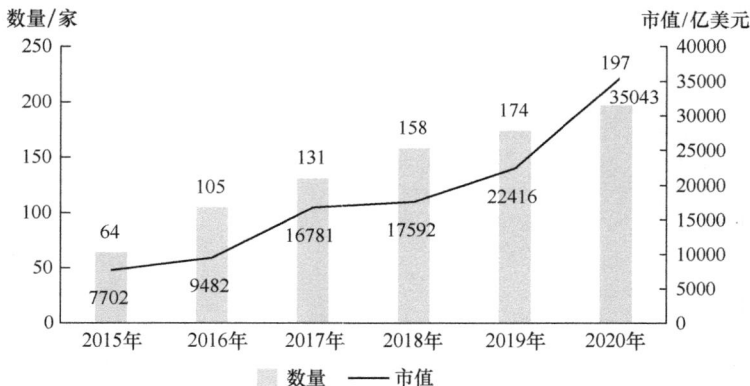

数据来源：中国信息通信研究院。

图1-7 2015—2020年中国互联网平台的数量和市值变化情况

与此同时，10亿美元以上100亿美元以下的中型平台不断涌现，并加速成长为百亿美元以上的大型互联网平台。一方面，2020年市值在10亿美元以上100亿美元以下的平台数量从2015的53家增加到161家，市值从6494亿美元增加到30885亿美元，增长率达230.5%。另一方面，2015—2019年，每年平均有4家平台进入百亿美元以上互联网平台行列，而2020年共有9家互联网平台跻身百亿美元以上互联网平台队伍，展现出了强大的经济活力。2015—2020中国中型和大型平台数量和市值变化如图1-8所示。

数据来源：中国信息通信研究院。

图 1-8　2015—2020 中国中型和大型平台数量和市值变化

此外，我国各个领域平台经济的发展都展现出巨大活力。2020年中国各领域互联网平台数量和发展情况如图1-9所示。2020年中国各领域互联网平台价值和占比情况如图1-10所示。从平台数量来看，电子商务平台数量最多，约占10亿美元以上平台数量的四分之一，是平台经济领域中的主导性行业；在线教育、金融科技、数字媒体、本地生活、物流等领域的平台数量在20家以上（包括20家），发展较为活跃。从市值占比来看，电子商务和社交网络处在第一梯队，两者合计占比超过10亿美元以上平台总市值的一半；其次是金融科技、本地生活和数字媒体，占比均在10%左右。从发展趋势来看，医疗健康、本地生活、在线教育发展最为迅速，市值增长率均超过了100%；电子商务、物流、社交网络、搜索引擎、金融科技等领域也保持高速发展，增长率均在40%以上。总体来看，从移动互联网与智能手机普及之后，我国平台经济基本处于高速发展状态。

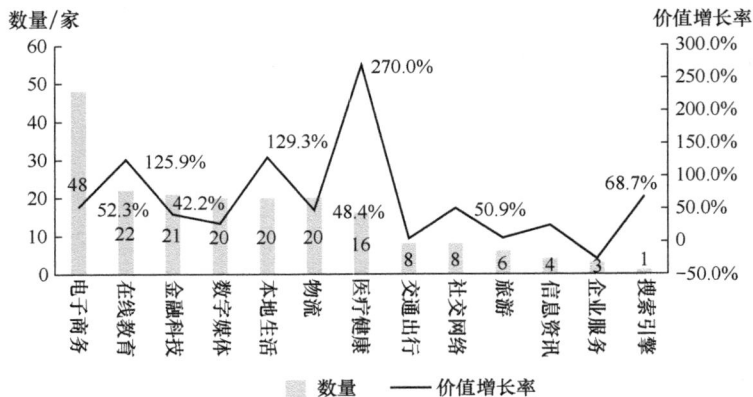

数据来源：中国信息通信研究院。

图 1-9　2020 年中国各领域互联网平台数量和发展情况（价值 10 亿美元以上平台）

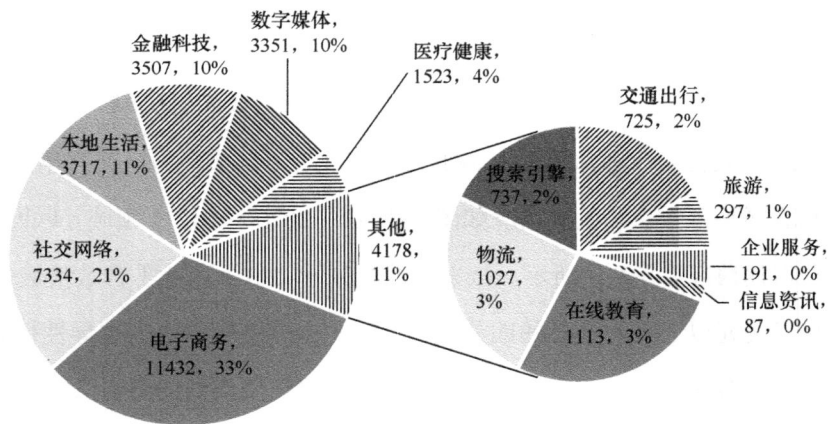

数据来源：中国信息通信研究院。

图 1-10　2020 年中国各领域互联网平台市值和占比情况（价值 10 亿美元以上平台）

第二章

超级平台与竞争规制
的改革创新

一、平台崛起引发的垄断忧虑

互联网平台的快速崛起，在为经济社会发展注入强大活力的同时，呈现出高度集中的市场特征。尤其从全球范围来看，少数领先平台企业优势地位日益稳固。数据显示，即使在短视频平台发展迅速的当下，脸书依然是全球使用率最高的社交媒体平台，日活跃用户数仍在不断增长，截止到2023年第四季度，脸书月活跃用户数达30.65亿。脸书全球月活跃用户数（2008—2023年）如图2-1所示。

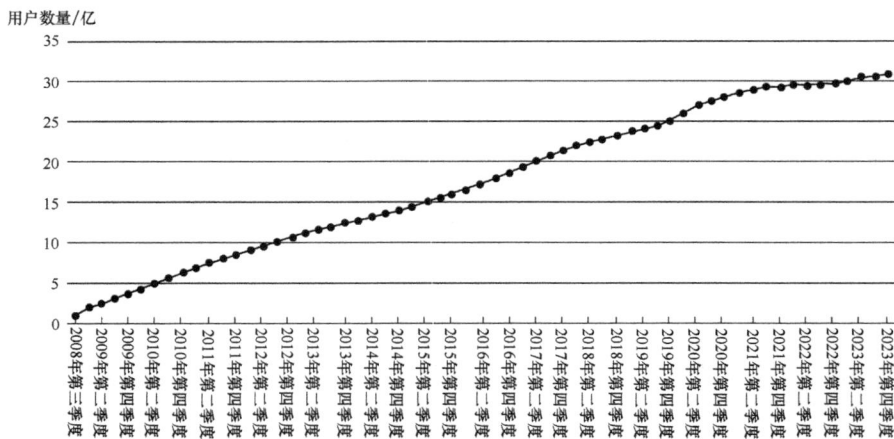

图 2-1　脸书全球月活跃用户数（2008—2023 年）

数字市场的高度集中与平台模式本身所具有的特征存在密切关系。这些特征在传统市场中也可以被观察到，但通常孤立存在，很少会互相结合在一起。正因如此，平台模式才对数字市场结构产生深刻影响。

首先，具有网络效应的数字市场天然容易集中。根据梅特卡夫定律：$V=K\times N^2$（V代表网络的价值，K代表价值系数，N代表网络用户数），网络的价值与网络用户数呈正相关。在双边市场中，网络效应是平台模式的根本特性与核心优势。用户之间会因处在同一网络而获益，并进一步强化网络效应，因此，很容易出现一家独大的现象。例如，一个电商平台上的卖家越多，就越有可能提供物美价廉、品类齐全的商品，吸引更多的消费者，从而进一步吸引更多的卖家。最终大部分卖家和消费者都会涌向同一个平台。此外，由于存在网络效应，一些在某一细分市场占据主导地位的平台，很容易凭借已有的用户规模敲开其他市场的"大门"，实现跨界竞争。

但不同平台的网络效应可能会有很大差异，维持集中的能力也因此存在显著不同。例如，脸书在十年内的日活跃用户数始终保持增长。而优步至今仍面临来自不同竞争对手的威胁，在网约车领域，优步先后退出了中国、俄罗斯与东南亚等国家和地区的市场；在外卖领域，优步也不断遇到挫折。显然，优步与脸书创造的网络效应并不相同。优步构筑的数字网络是一个个彼此孤立的本地网络，乘客和司机只是偶尔与自己所在城市以外的网络成员互动，所产生的网络效应具有局限性。而脸书的社交网络却是一个将世界各地用户连接在一起的一体化网络，网络效应的作用更显著。所以，从网络效应带来的竞争优势看，脸书这样的平台更容易占据并保持市场主导地位。

其次，平台的规模经济特征容易构成数字市场的进入壁垒。对新企业来说，如果没有足够的财力支付固定成本，则可能无法提供现有企业所具备的产品或服务质量，从而也无法实现规模化。平台的规模经济与平台的网络效应能够彼此促进和增强，从而进一步巩固进入壁垒。因此对新企业来说，只有依靠创新才有可能与现有企业竞争。

最后，平台在双边市场中所具有的双重身份还可能会使其获得不公平的竞争优势。与其他市场主体相比，平台具有市场参与者与组织者的双重身份，即同时扮演"运动员"和"裁判员"的角色。由于平台作为市场参与者追求自身商业利益的诉求与其作为市场组织者应为其他参与者提供公平竞争环境的要求存在内在冲突，因此可能出现影响市场公平竞争的现象，这通常被称为"自我优待"。例如，2010年2月，英国比价网站Foundem曾联合多家公司向欧盟委员会发起投诉，认为谷歌公司操纵算法搜索结果，利用其在搜索引擎市场的支配地位推广旗下的比价购物服务，违反了欧盟反垄断法，损害了其他竞争对手和消费者利益。欧盟委员会经过调查发现，一方面，谷歌自身的比价服务一直处于搜索结果页面的前几位，并不受制于谷歌的通用搜索算法，也并非基于消费者搜索时输入文字的相关性排序。另一方面，竞争对手的比价购物服务被谷歌的算法作了降级处理。有证据表明，即使是排名最靠前的比价购物服务，通常也只出现在谷歌搜索结果的第4页，而其他服务的排序甚至更靠后。根据欧盟委员会的调查，用户对谷歌搜索页面第二页及之后页面的点击率不到5%。从数据来看，谷歌利用算法操纵排序以来，其比价购物服务在欧洲流量大增，而其他比价购物服务在被谷歌算法降级后流量下降。欧盟委员会认为，谷歌的搜索降权行为严重影响了其他比价购物服务的流量和收益，产生了排除或限制竞争的效果。

二、全球主要国家和地区加速平台竞争政策创新

对于超大型平台的垄断忧虑使监管机构陷入对传统反垄断制度的集体反思。2020年以来，全球主要经济体不约而同地加快了对竞争政策改革的步

伐，尤其在平台反垄断方面做出重大调整和创新。西方国家和地区试图绕开传统反垄断工具中相关市场界定这一先决条件，力图直接锁定头部平台为规制对象，以问题为导向，明确这些平台不能实施的行为或必须履行的义务；我国也开始系统性地回应平台带来的垄断挑战。

（一）德国：率先修订实施《数字竞争法》

德国是全球数字市场反垄断立法的先行者。早在2017年3月通过的《反对限制竞争法》第九修正案就已经高度关注多边市场和网络中的竞争问题。2021年1月，德国联邦议会正式通过了《反对限制竞争法》第十修正案，该修正案是针对数字化挑战而进行全面修订的反垄断法，对数字市场反垄断监管进行了大量创新，因此又被称为《数字竞争法》。

德国《反对限制竞争法》第十修正案中最重要的创新便是引入第19a项条款，以强化"对跨市场竞争具有重要影响"的平台企业的监管。一方面，该条款使德国联邦卡特尔局有能力通过3个阶段处理程序，尽早对那些"对跨市场竞争具有重要影响"的平台企业威胁竞争的行为进行干预。这一概念直指谷歌、亚马逊等平台企业。德国认为，这些企业与各类市场主体间存在广泛而深入的关联，可能对市场竞争产生重大影响。针对此类企业，第十修正案同时引入了3个阶段处理程序，第一阶段是对于"对跨市场竞争具有重要影响"的企业的认定，一经认定，有效期可达5年，便于此后快速启动监管。在认定过程中，可以从在一个或多个市场的支配地位、对资金和数据等资源的获取能力、纵向一体化情况、对第三方经营活动的影响力等因素进行考量。而在对市场支配地位的认定中，德国联邦卡特尔局把"中介势力"纳入市场支配地位的考量，由此涵盖了平台企业所提供的各类中介型服务。在第二阶段，德国联邦卡特尔局可以对此类企业的7种滥用市场支配地位的行为（包括自我优待、跨界竞争等平台领域的典型现象）颁布禁令，实现事前监管。德国联邦卡特尔局的事前禁令，可以防止平台企业继续实行垄断行为。第三阶段，德国联邦卡特尔局可以采取适当补救措施，如要求违规企业进行整改或对其进行罚款等。另一方面，对于德国联邦卡特尔局依据第19a项条款所做的决定，平台企业如果上诉，将直接由德国联邦最高法院受理。这大幅缩短了诉讼处理周期，旨在防止平台企业利用诉讼拖延事前禁令的实际执行。截至目前，谷歌、亚马逊、脸书、苹果均已被德国联邦卡特尔局认定为"具有突出的跨市场竞争重要影响的企业"，须受到更加严格的监管。

不过，自《反限制竞争法》第十修正案实施以来，也暴露了该法案在规制数字市场新型垄断行为上力不从心，例如，第19a条第二款的概念较为狭窄，对互联网平台滥用行为的规制仅限于德国联邦卡特尔局禁止的特定行为，无法防止其对竞争造成不可逆转的损害，且迄今为止，该条款尚未得到真正适用。加上欧盟《数字市场法案》（DMA）生效，德国一方面需要进一步完善自身针对数字市场的反垄断规章制度，另一方面需要推进欧盟《数字市场法案》在本土落地实施。在此背景下，德国聚焦加强竞争法的执行，推动《反限制竞争法》的第十一次修订，新的修正案已于2023年11月正式生效。

《反限制竞争法》第十一修正案旨在通过优化竞争法的执行确保市场领域的有效竞争，重点是拓展与强化德国联邦卡特尔局的执法权限。具体而言，《反限制竞争法》第十一修正案赋予德国联邦卡特尔局竞争调查后，主动重塑市场结构的权限。一是通过固定调查期限，提高了德国联邦卡特尔局的工作效率。依据此前《反限制竞争法》，德国联邦卡特尔局实施的行业竞争调查不受固定期限限制，这导致调查期往往极为漫长，最终的调查报告与实际发布时的市场竞争状况脱节。《反限制竞争法》第十一修正案将一般调查期限限定在18个月内，还将行业调查的阶段性报告与最终报告固定为德国联邦卡特尔局的法定义务之一。二是设定德国联邦卡特尔局的新型干预权限，以便及时矫正市场结构的反竞争态势，即在"市场竞争机制受到一定程度的扭曲，以致市场参与者单纯依靠自身力量无法对这种扭曲现象进行持久与充分矫正"的情形下，德国联邦卡特尔局可获得对被调查行业的市场实施干预的权限。但行为性措施的适用仍优先于结构性措施的适用，具体而言，德国联邦卡特尔局可采取以下补救措施：第一，要求特定企业开放其数据、接口、网络及其他设施的访问权限；第二，要求特定企业向其他企业提供产品、服务，包括知识产权授权许可；第三，要求特定企业制定共同规则与标准；第四，要求特定企业拆分其业务领域。三是重构经营者集中的规制范围。依据此前《反限制竞争法》，德国联邦卡特尔局在完成行业竞争调查后有权令相关企业申报经营者集中，这主要适用于符合以下两项特征的经营者，第一，拟被收购的企业的销售收入在上一财年超过200万欧元；第二，该企业三分之二以上的收入在德国境内获得。《反限制竞争法》第十一修正案系统调整了经营者集中的规制范围，删除了企业"在德国境内相关商品、服务供给市场或需求市场占据的份额至少为15%"的内容，这使联邦卡特尔局能够更好地控制在小区域市场形成的具有威胁性的市场集中度上升的趋势。

与此同时，《反限制竞争法》第十一修正案简化了针对垄断行为衍生利益的征纳程序。依据此前德国通过的《反限制竞争法》，德国联邦卡特尔局可以征纳企业基于过失或故意而违反该法，以及《欧盟运行条约》中关于垄断行为的相关规定或反垄断机构的命令而获得的经济利益。但德国联邦卡特尔局在实际执法过程中，不仅需要遵循相当高的标准来计算企业违法行为所涉及的经济利益额度，还要证明企业具有过错，这使征纳程序难以落地。

《反限制竞争法》第十一修正案一方面允许德国联邦卡特尔局估计企业由垄断行为所获得的经济利益额度，另一方面则不再要求证明企业具有过错，此举将大幅降低程序落地的难度。

此外，《反限制竞争法》第十一修正案还为在德国境内施行欧盟《数字市场法案》提供了法律依据。一方面，德国联邦卡特尔局可获得针对违反欧盟《数字市场法案》行为进行调查的权限，此举有利于避免欧盟委员会执法力量薄弱导致执法效率低。另一方面，该法案还在德国境内通过司法执行《数字市场法案》提供了可能性，即企业将被赋予依据《数字市场法案》向德国民事法院提起私人诉讼的权利，以更好地监督"守门人"平台遵守相关规定。

（二）欧洲：提出"超越反垄断"的新工具

2020年12月15日，欧盟委员会发布了专门针对互联网平台进行监管的新规则。该规则包含两项具体提案，即《数字服务法案》（DSA）和《数字市场法案》，这是新一届欧盟委员会在未来10年实现"数字欧盟"计划的核心。其中，《数字市场法案》是对那些具有持久市场地位的超大型平台可能实施的不公平竞争行为进行严格限制而提出的一套新监管工具。2022年3月25日，《数字市场法案》得到欧洲议会与欧洲理事会的通过，并于2022年11月1日起正式生效。

欧洲是全球在平台经济领域实施反垄断监管最活跃的地区之一，拥有丰富的反垄断监管经验。然而，经过长期监管实践，欧盟委员会发现其并未实现为本土企业营造公平竞争环境的目标，由超大型平台实施的不公平竞争行为问题仍普遍存在，反垄断工具"失灵"。这主要是因为，一方面，平台经济的网络效应、动态竞争、数据驱动、跨界传导等特性，使相关市场界定、支配地位认定等变得高度复杂、异常困难；另一方面，对支配地位、损害影响分析的困难导致平台领域反垄断案件周期被显著拉长，相关管理出现明显滞后性，成为一种事后纠偏的监管方式。在此背景下，欧盟委员会制定了《数字市场法案》，希望借助新的监管工具，系统性地遏制数字市场的不公平竞争问题。

欧盟在《数字市场法案》中创新性地引入了"守门人"平台概念。"守门人"平台是指那些对欧盟市场具有强大影响力、提供"核心平台服务"并作为企业用户接触终端用户的重要通道、在市场中持久占据或可预见将会占据牢固地位的平台。欧盟委员会在《数字市场法案》中设置了三大量化指标，同时满足以下3个条件的"核心平台服务"提供者通常将被界定为"守门人"：一是平台过去3个财年在欧盟年营业额达75亿欧元或在上一财年平均市值或估值达750亿欧元，并且在至少3个成员国提供相同的核心平台服务，这意味着平台有重大经济影响力；二是平台上一财年中月活跃终端用户数量超过4500万（约10%欧盟人口）或年活跃企业用户数量超过1万，这意味着平台是关键的用户通道；三是在过去3个财年中每年都能达到上述用户规模条件，这意味着平台有持久牢固的地位。"守门人"平台概念和定量指标的引入直接避开了反垄断工具对相关市场界定、支配地位认定的难题和复杂程序，从而使其成为与反垄断一样具有巨额罚款威慑，但又超越了现有反垄断框架的新型竞争监管工具。

值得注意的是，如果欧盟委员会认为某一提供核心平台服务的企业满足被认定为"守门人"的定性要求，但未能满足定量要求，则可在一年内对其展开市场调查，综合营业额和市值、终端用户和企业用户规模、网络效应和数据优势、规模效应和范围效应、用户锁定效应、跨业务协同能力，以及企业结构性业务或服务特征等因素进行综合评判。这意味着即使在平台企业不满足定量指标的情况下，仍有可能被认定为"守门人"。2023年9月6日，欧盟委员会首次根据《数字市场法案》将6个平台企业认定为"守门人"，包括谷歌、亚马逊、苹果、字节跳动、脸书和微软。同时，将其提供的共22项服务认定为核心平台服务。欧盟"守门人"认定详细情况见表2-1。

表 2-1　欧盟"守门人"认定详细情况

守门人	核心平台服务	类别
谷歌 （8 个）	谷歌地图（Google Maps）	中介服务
	谷歌应用商店（Google Play Store）	中介服务
	谷歌购物比价（Google Shopping）	中介服务
	谷歌广告（Google Ads）	在线广告
	YouTube	视频分享
	谷歌搜索（Google）	搜索引擎
	谷歌安卓系统（Android）	操作系统
	谷歌浏览器（Google Chrome）	浏览器
亚马逊 （2 个）	亚马逊集市（Amazon Marketplace）	中介服务
	亚马逊广告（Amazon Ads）	在线广告
苹果 （3 个）	苹果应用商店（App Store）	中介服务
	Safari	浏览器
	iOS	操作系统
字节跳动	TikTok[1]	社交网络
脸书 （6 个）	Facebook	社交网络
	Instagram	社交网络
	Meta	在线广告
	Meta 集市（Meta Marketplace）	中介服务
	WhatsApp	即时通信
	Messenger	即时通信
微软 （2 个）	领英（LinkedIn）	社交网络
	计算机操作系统（Microsoft Windows）	操作系统

　　《数字市场法案》共对"守门人"平台提出了23条具体义务，要求其确保不实施这些限制竞争或造成不公平竞争的行为。大致可以归纳为以下7类。一是限制"守门人"平台实施数据集中，例如不能随意将不同业务数据

1　TikTok 由字节跳动集团推出，最初以"抖音"为名在中国市场推广，面向国际市场更名为"TikTok"。

进行合并使用等。二是强制"守门人"平台将数据开放共享，例如赋予企业用户和终端用户数据携带、转移的权利，并提供必要的便利支持等。三是限制"守门人"平台实施排他性行为，例如允许用户直接在"守门人"平台上安装和使用第三方App或第三方应用商店。四是限制"守门人"平台进行自我优待，如不能在搜索排序方面进行自我优待等。五是限制"守门人"平台利用"杠杆传导"效应。六是限制"守门人"平台对企业用户实施不公平或歧视性行为。七是对提供广告服务的"守门人"平台提出更高透明度要求。对于违反《数字市场法案》规定的"守门人"企业，欧盟委员会可对其处以全球营业额10%的高额罚款，对于屡次违规的，罚款比例可提升至20%。

此外，《数字市场法案》还允许欧盟委员会开展针对性市场调查，以便立法机构及时更新监管规则，包括对指定"守门人"的市场调查、系统性违规行为的调查，以及对新服务、新做法的调查。在调查过程中，欧盟委员会可通过简单的请求或决定要求企业提供一切必要的资料，包括进入企业的数据库和算法，并要求企业对其做出解释。欧盟委员会及其委任的审计师或专家还可以对企业进行现场视察，并向关键人员提问，而企业必须接受欧盟委员会下达的现场检查决定。这可能会为欧盟委员会加强对数字巨头的调查扫清执法层面的障碍。2020年7月，欧盟委员会在对脸书的反垄断调查中曾遭遇起诉。脸书称欧盟委员会要求其提供包含一些关键词和短语（如"大问题""免费""对我们不利"及"关闭"等）的所有文件的做法过于宽泛，将会获取其员工的私人信息。当时，法院要求欧盟委员会在全面听证前暂停相关信息索取。

（三）英国：强化对具有战略市场地位平台的监管

为应对少数领先平台对数字市场良性竞争造成的破坏，英国近年来设立新机构，积极建设新竞争制度。英国政府自2020年11月便公告计划建立数字市场部门以执行新的竞争政策，并借鉴欧盟做法，提出要强化对拥有"战略市场地位"（具有强大市场力量）平台的监管。2021年4月，英国竞争与市场管理局在内部正式设立数字市场部门。该部门在设立之初并不具有法定地位，且权力有限，基本作为"影子机构"参与竞争执法。直到2023年4月，英国竞争与市场管理局发布旨在杜绝不公平行为和促进数字市场竞争的《数字市场、竞争和消费者法案》（DMCC），才正式赋予数字市场部门法定地位。同时，该法案正式引入"战略市场地位"的概念，对在数字经济领域具有战略市场地位的经营者规定了更高的合规义务。2024年1月，英国竞争与市场管理局又进一步发布了有关实施该法案的文件，以详细介绍其将如何实施新的数字市场竞争制度。该法案针对具有战略市场地位的平台构建了事前监管制度，授权英国竞争与市场管理局根据一系列定性标准评估确定具有战略市场地位的平台。具体而言，此类平台应具备以下特征。

- 从事数字活动，《数字市场、竞争和消费者法案》广泛定义了3种类型的数字活动，尤其关注平台通过互联网提供服务及数字内容。
- 应与英国有联系，即具有大量英国用户，或在英国开展业务或可对英国贸易产生直接、实质性、可预见的影响。
- 应在一项或多项数字活动方面具有实质性和根深蒂固的市场力量。英国竞争与市场管理局具有较大的自由裁量权，其可进行事前调查，并进行至少5年的前瞻性评估。
- 应在一项或多项数字活动方面具有战略地位，即具有相当大的规模，以至于其他企业开展业务对其具有依赖性，或拥有跨市场力量，可对其他企业数字活动产生实质性影响。

《数字市场、竞争和消费者法案》还设置了一定的营业额门槛，即所谓的"安全港"，将规制范围限于全球年营业额超过250亿英镑，或英国营业额超过10亿英镑的企业。依据该法案规定标准，仅有少数企业符合指定标准，且除营业额外，英国竞争与市场管理局对指定具有战略市场地位的平台的大部分标准均可自由裁量。同时，《数字市场、竞争和消费者法案》并未为具有战略市场地位的平台预设固定的义务体系，而是授权英国竞争与市场管理局一事一议，针对特定平台量身定制行为准则。除了必须遵守的总体性原则，平台在被认定具有战略市场地位后，英国竞争与市场管理局的数字市场部门可基于公平交易、开放选择、信任和透明度三大原则，针对前者的行为和运营方式制定监管规则，并采取有针对性的促进竞争的干预措施，以从根源解决此类平台的市场竞争问题。此类干预措施范围广泛，不会仅限于立法规定的一系列具体的补救措施，数字市场部门对此拥有广泛的自由裁量权，必要时也可采用结构性补救措施。

此外，为弥补数字市场合并执法的不足，助推数字市场的创新、投资与发展，该法案还进一步强化英国竞争与市场管理局的调查和执法权力，引入新的经营者集中门槛，将更多交易纳入竞争与市场管理局的审查范围，并确立了具有战略市场地位平台的强制经营者集中报告制度。具体而言，第一，法案赋予英国竞争与市场管理局更强有力的调查工具和执法权力，对未依照英国竞争与市场管理局要求履行相关信息义务的主体处以高额处罚，并将保留证据的法律义务扩大到所有竞争调查，同时还引入更多权力支持英国竞争与市场管理局与其他局的国际合作，包括互惠获取信息。第二，法案引入了新的"以收购方为中心"的经营者集中审查门槛，例如，收购方在英国拥有显著的市场占有率，即至少33%的市场份额或超过3.5亿英镑的营业额，同时被收购方与英国有关联，英国竞争与市场管理局即可对双方交易进行干预，以便及时审查数字市场某些垂直领域的合并。第三，法案规定具有战略市场地位平台必须在合并完成之前向英国竞争与市场管理局报告，如果后者认为合并可能造成竞争问题，可发起合并调查，以此增加大型互联网平台合并交易的透明度，便于监管机构及时采取有针对性的干预措施。

此外，该法案同样引入了巨额处罚，英国竞争与市场管理局可直接对违规企业作出行政处罚决定，最高可处以全球年营业额10%的罚款。然而，与欧盟《数字市场法案》不同的是，英国法案引入了豁免条款，被认定为具有战略市场地位的企业如果能够证明消费者从其行为中获得的利益"超过了因违反规定而对竞争造成的实际或可能的有害影响"，则可取得豁免。

总体而言，英国互联网平台监管围绕促进数字市场公平竞争，以具有战略市场地位的平台为基点构建了新的事前监管制度。相比欧盟《数字市场法案》，英国《数字市场、竞争和消费者法案》赋予了竞争监管机构更大的自由裁量权。

（四）美国：夭折的"守门人"提案

2020年10月6日，美国众议院反垄断小组委员会发布了题为《数字市场竞争调查》的报告，公布其对数字市场竞争状况长达16个月的审查结果，特别强调了苹果、亚马逊、谷歌和脸书4家互联网平台的市场支配地位及其商业行为所带来的影响和挑战。

该报告认为，在过去10年里，数字市场已经变得高度集中且垄断，削弱了消费者的选择、侵蚀了美国经济中的创新和企业家精神、降低了自由和多样化媒体的活力、损害了美国人的隐私。虽然4家公司领域不尽相同，但它们存在共同的竞争问题。一是每个平台都对一个关键互联网细分领域拥有控制力，它们控制着市场准入、信息获取或交易本身。二是每个平台都利用其对数据的控制权，监视其他企业的增长和业务活动，判断它们是否可能构成竞争威胁，并通过收购、复制及阻止竞争对手访问等方式消除竞争威胁。三是这些平台通过自我优待、掠夺性定价、排他性行为等方式滥用其控制力，以寻求进一步扩张。

与此同时，报告针对6类竞争行为提出了激进的监管举措。一是针对平台利用主导领域的业务优势强化在相邻市场竞争优势的行为，要求支配性平台实施结构性拆分和业务范围限制，禁止特定平台经营相邻业务。二是针对平台偏向自营或自有内容问题，禁止支配性平台从事自我优待行为。三是针对平台不兼容问题，要求支配性平台与其他竞争性平台实现互操作性和数据可移植性。四是针对初创企业并购问题，建议国会考虑改变对初创公司并购行为的推定，即将任何由支配性平台开展的并购都视为反竞争，除非证明并购交易对服务公共利益是必要的，而且不能通过内部增长和扩张实现类似的利益。五是针对平台对信息内容及数字广告的强大支配力，会导致传统新闻媒体完全屈从于互联网平台的现状，要求强化新闻媒体作为内容提供者的议价能力，打造自由和多样化的公平竞争环境。六是针对平台相对于用户和依赖其获取用户的第三方企业，具有明显的不对等议价能力的问题，建议国会考虑禁止平台滥用议价权，包括审查反竞争合同，对依赖支配地位平台的个人和企业实行适当程序保护等措施。

为了配合对以上6种平台竞争行为的监管，报告提出对美国反垄断法律体系进行修正。报告认为，近年来，司法审判中形成的判例正在大幅削弱反垄断法律应有的效力。法院的审判过度重视对价格和竞争效率的评估，而忽略了市场结构集中本身的负面影响。从美国反垄断法的立法历史和立法意图来看，仍应重新回归私人垄断是"对共和制度的威胁"这一基本立场。因此，需要恢复反垄断法的初衷和广泛目标，澄清这些法律不仅旨在提升市场效率，也要保护工人、企业家、开放市场、公平经济和民主理想。在修订内容上，提出禁止显著提高市场集中度的并购活动、重新规划并购举证责任，增加滥用行为类型，强化"基础设施原则"使用等一系列具体方向，提升反垄断法至早期严格水平。同时，建议强化对反垄断执法机构的支持、恢复国会对反垄断执法进行有力监督的历史传统、增加联邦贸易委员会和司法部的反垄断力量和预算、减少诉讼的程序障碍、提高私人诉讼能力等。

在此背景下，2021年6月，美国首次公布了4项针对超大型平台的监管新法案，与欧盟《数字市场法案》思路基本一致，其核心是对达到一定规模的平台企业进行事前监管。美国的提案中涵盖的平台标准为："年市值或在美国年净销售额达6000亿美元以上的平台公司"且"在美国月平均活跃用户在5000万以上或商业用户在10万以上的平台公司"且"具有限制或阻碍其他企业访问用户或服务能力的关键交易伙伴"，主要指向的是谷歌、亚马逊、苹果、脸书和微软5家头部科技企业。但值得一提的是，2021年10月18日，美国在参议院层面将4项法案之一——《美国选择和在线创新法案》修改后重新提出，新版提案将年市值或在美国年净销售额标准修改为5500亿美元以上，并增加了"全球月活跃用户数量达10亿以上作为可以替代市值、销售额"的新指标。按照新标准，我国全球化表现较好的大型平台企业将有可能也被纳入监管范围。

3类平台行为成为美国提案的规制重点。一是数据的可迁移性和互操作性。美国公布的4项法案之一——《通过启用服务交换增强兼容性和竞争性法案》，其主要内容便是要求被认定的超大型平台依据规定标准保证数据的可迁移性和互操作性，包括提供可供第三方访问的应用程序接口（API）等，使消费者更容易将他们的数据迁移到其他平台，以增强不同平台之间的兼容性和竞争性。二是自我优待。美国4项法案中有两项均指向平台自我优待，其中《终止平台垄断法案》直接要求超大型平台被迫剥离除基础服务外的自营业务。三是经营者集中。此次4项法案之一——《平台竞争和机会法案》直指超大型平台并购行为，提出应禁止被认定的超大型平台直接或间接拥有或控制其竞争对手或潜在竞争对手。

时至今日，美国的4项法案仍处于提议阶段，并未取得任何实质性进展。美国国内关于平台反垄断也出现不同的声音。美国皮尤研究中心2022年的一项调查显示，美国支持政府加强对大型科技公司监管的人数比例同比下降12%。美国信息技术与创新基金会在2023年的一份报告中提到，过去几十年来，规模更大、生产力更高的大企业在美国经济增长中发挥了关键作用。大型平台带来的生产力提升与创新对于国家增长和竞争力至关重要，对其过度限制可能损害美国的全球竞争力。

（五）中国：立法层面系统回应平台垄断挑战

2020年11月，我国国家市场监督管理总局对外发布《关于平台经济领域的反垄断指南（征求意见稿）》；2021年2月，国务院反垄断委员会正式印发《国务院反垄断委员会关于平台经济领域的反垄断指南》（以下简称《指南》），这是我国第一次对平台反垄断做出系统回应。

《指南》结合平台经济新特征，对相关市场界定和市场支配地位认定的方法进行了创新。**一是提出整体界定相关商品市场。**在传统反垄断法框架下，相关市场界定是反垄断执法的基础，但对互联网平台的相关市场界定一直是监管中的难题。《指南》认为，当互联网平台存在的跨平台网络效应能够给平台经营者施加足够的竞争约束时，则可以根据该平台整体界定相关商品市场。这种界定方式的优势在于，在根据一边或多边商品界定一个或多个相关市场时，是否需要考虑同领域内的传统业态经营者存在争议，而在整体界定相关商品市场时，可以聚焦平台经营者。**二是在认定市场支配地位的过程中，创新市场份额的计算指标和考量因素。**在市场支配地位的认定过程中，使用点击量、使用时长等新的指标来计算市场份额，并引入网络效应、用户多栖性、数据获取的难易程度等平台经济特征作为考量因素辅助认定。

《指南》根据互联网行业常见的竞争方式，对滥用市场支配地位的行为进行了细化规定。一是将许多常见的互联网竞争行为纳入反垄断监管，例如《指南》对"二选一""大数据杀熟"等做出规定，并着重指出了利用搜索降权、流量限制、技术障碍等手段限定交易的非法性。二是通过划定合理性边界为平台企业发展提供空间。由于平台经济具有跨边网络效应，客观上存在着短时间内达到一定规模，从而跨越网络发展所需临界容量[1]的需求。为保障平台企业的合理发展需求，《指南》规定了平台企业在合理期限内可以基于发展平台内其他业务、促进新商品进入市场、吸引新用户、开展促销活动等理由低于成本销售，为平台企业提供了充足的发展空间。

《指南》针对平台企业的特有模式，加强了对并购行为的监管。一是高度重视"扼杀式并购"。《指南》提出了对未达事前申报标准的并购行为，特别是针对初创企业、新兴平台的并购（又称"扼杀式并购"，即将竞争对手消弭于萌芽状态），反垄断执法机构认为有必要的，则可以开展事后调查。二是明确将VIE架构[2]平台纳入并购审查。《指南》首次明确将VIE架构的经营者集中纳入审查范围。

与此同时，我国开始推动《中华人民共和国反垄断法》（以下简称《反垄断法》）的修订工作。2022年6月24日，新版《反垄断法》经十三届全国人大常委会第三十五次会议表决正式通过。此次修订，在总则部分以及滥用

---

1 临界容量是指具有跨边网络效应的商品或服务能够出现自增长效应的临界规模。在此规模以上，其用户网络会出现自增长效应，进入正反馈；而在此规模以下，则会出现负反馈，自然趋于衰退。
2 涉及协议控制架构。

市场支配地位行为规定部分重点强调了不得利用数据和算法、技术及平台规则等从事垄断行为，正式将数字市场垄断行为纳入反垄断法规制范围。在此基础上，2023年3月10日，国家市场监督管理总局又进一步公布了《禁止滥用市场支配地位行为规定》《禁止垄断协议规定》《经营者集中审查规定》等反垄断法配套法规，进一步完善了数字市场垄断行为的相关规定。

三、平台反垄断执法强化推动监管规则重构

自2020年开始，全球范围内针对互联网平台的反垄断执法十分活跃。其中，部分执法活动是在反垄断法尚未进行全面修订的情况下进行的，尽管存在不少争议，且至今尚未定论，但这些案例对数字市场反垄断监管规则，特别是平台领域新情况、新问题的监管规则的形成及平台企业的商业行为产生了重要的影响。

（一）亚马逊自我优待案：确保平台中立与规则非歧视

2020年11月，欧盟委员会就亚马逊使用非公开的第三方卖家数据向其发出反对声明，并将进一步调查亚马逊给予自营业务和那些使用其物流服务的第三方卖家的优惠情况。调查内容显示，亚马逊违背了其声明的平台政策，曾利用平台上第三方卖家数据来调整自营业务的零售品供应和商业策略制定，从而使自营业务能够专注于最畅销的产品，并在定价中相较于平台上的第三方卖家拥有优势。此次调查还关注了亚马逊是否在为其"Buy Box"[1]服

1　拥有"Buy Box"服务的卖家，在其商品展示的旁边有一个"Add to Cart"按钮，允许用户直接将商品添加到自己的购物车中。据统计，70% ～ 80%的用户会从拥有"Buy Box"服务的卖家那里购买商品。亚马逊并没有公开关于"Buy Box"如何分配给卖家的算法。

务选择优胜者时，偏爱自营业务和那些使用亚马逊物流服务的第三方卖家。

欧盟委员会认为，必须确保像亚马逊这样扮演双重角色且拥有市场势力的平台企业不会"扭曲"竞争。首先，亚马逊一方面是为卖家提供市场的平台企业，另一方面其自营业务也是第三方卖家的竞争对手，不应该享有第三方卖家数据带来的优势。其次，作为头部电商平台，亚马逊制定的竞争规则必须公平，不能给予自营业务和那些使用亚马逊物流服务的第三方卖家特殊优待。

经欧盟委员会与亚马逊的持续交涉，加之《数字市场法案》即将生效的威慑，亚马逊开始寻求与欧盟委员会和解。2022年12月，欧盟委员会公布了与亚马逊达成的和解协议。在协议中，亚马逊承诺将停止使用与竞争商家的非公开数据优化自营产品，提高第三方卖家的商品曝光度，并对其在购物车竞价排名上给予同等待遇。此外，亚马逊还将允许参与其Prime计划的卖家自由选择物流公司进行合作，不再限制卖家必须使用亚马逊物流服务。在亚马逊做出诸多承诺后，欧盟委员会同意结束对亚马逊的反垄断调查。虽然亚马逊并未遭受任何经济处罚，但此次和解协议的达成标志着欧盟反垄断监管取得了新的进展。

自我优待已成为各国反垄断机构普遍关注的问题。自2020年开始，随着各国对互联网平台反垄断的高度重视，对自我优待问题的关注度也普遍提升。2020年10月，美国众议院发布的《数字市场竞争调查》认为，谷歌、亚马逊等平台企业存在着自我优待问题，并建议针对这一现象设立非歧视条款；同月，意大利对谷歌进行突击检查，调查其在互联网广告市场的自我优待等行为；韩国就本土最大的搜索引擎和门户网站Naver在搜索结果中的自我优待行为处以2300万美元的罚款；11月，印度就谷歌对其旗下支付业务Google Pay的自我优待行为展开调查。各国对自我优待的广泛关注点主要在于：如果放任平台的自我优待行为，则平台可能会在与其相关的上下游市场形成不公平的竞争优势，并以此排除竞争、形成垄断，最终可能对上下游产业的健康发展构成威胁。为此，欧盟、英国[1]等均已在新修订的竞争法中明文禁止超大型平台的自我优待行为。

（二）苹果"应用内购买"案：不得指定应用程序支付系统

2019年3月，瑞典音乐流媒体提供商Spotify针对苹果与开发者签订的许可协议和苹果应用商店（App Store）相关审查准则及其对音乐流媒体服务竞争产生的影响，向欧盟委员会提起投诉。2020年6月，作为对上述投诉的回应，欧盟委员会正式对苹果展开反垄断调查，以评估苹果对应用程序开发者通过其应用商店分销应用程序的规定，是否违反了欧盟的竞争规则。此外，苹果在2020年7月底美国众议院司法委员会举行的听证会上，被要求对此问题做出回应。2021年3月，英国竞争与市场管理局对苹果应用商店展开调查。针对苹果的反垄断关注主要聚焦两点：一是强制要求应用程序开发者使用专有应用购买系统"IAP"（In-App-Purchase）提供付费数字内容或服务，并从中抽取通常30%的佣金。二是限制开发商向用户提供应用程序以外的其他购买选择。虽然苹果允许用户在应用程序中使用在其他渠道（例如应用开发者的网站）购买的音乐、电子书和有声读物等内容，但不允许应用程序开发者主动告知用户可以通过其他渠道购买。

欧盟委员会于2023年3月宣布对苹果处以超过18亿欧元的罚款。欧盟委员

1　预计于2024年秋季生效的英国《数字市场、竞争和消费者法案》草案第20（3）（b）段授权英国竞争与市场管理局禁止具有战略市场地位的公司利用其与相关数字活动有关的地位，包括其对与该活动相关的数据的访问，以比其他企业的产品更优惠的方式对待自己的产品。

会经调查认为，苹果在通过其应用程序分发音乐流媒体应用的市场上占据支配地位。对于应用程序开发者来说，苹果应用商店是苹果用户（iOS用户）下载App的唯一应用商店。苹果禁止音乐流媒体应用程序开发者充分告知苹果用户存在可替代且更便宜订阅服务的做法，违反了《欧盟运行条约》第102条a款关于禁止滥用市场支配地位施加不公平交易条件的相关规定。欧盟委员会认为，苹果上述行为持续近10年，可能导致许多苹果用户为其音乐订阅服务支付了远高于其他用户的价格。

苹果目前已迫于欧盟监管压力在欧盟地区开放生态。建立平台生态系统，进而坐收佣金并非只是苹果一家所为。事实上，谷歌应用商店也会收取相当比例的佣金。然而，相较之下，安卓平台允许用户安装第三方应用商店，或直接下载应用。这也令强制征收的"苹果税"愈发受到应用程序开发者的诟病。2023年9月，欧盟委员会根据已经生效的《数字市场法案》，将苹果认定为"守门人"，并将其应用商店业务认定为核心平台服务。根据《数字市场法案》要求，苹果须开放iOS生态，允许欧盟用户直接安装和使用第三方应用程序或应用商店，确保公平接入。2024年1月，苹果宣布自3月起将在欧盟27个成员国推出符合《数字市场法案》规定的iOS系统[1]，允许用户通过第三方应用商店、浏览器下载应用和选择其他支付方式，并降低"苹果税"，最低至10%。

（三）美国司法部诉谷歌垄断案：限制平台将支配力量进行跨市场传导

2020年10月，美国司法部连同11个州的总检察长向美国哥伦比亚特区地

1　即 iOS 17.4。

区法院提起反垄断诉讼，以阻止谷歌通过反竞争和排他性做法在一般搜索、搜索广告及文本类搜索广告3个相关市场非法维持垄断地位，该案是自20世纪90年代微软案以来美国历史上最大规模的科技公司反垄断案。

美国司法部起诉书中详细描述了谷歌如何通过排他性协议，使其在全球数十亿移动设备上被预设为默认搜索引擎，尤其是安卓设备，从而锁定了用户访问互联网的主要途径。2005年，谷歌收购初创企业移动操作系统安卓。2007年，谷歌通过免费开放安卓核心源代码（开源）吸引移动设备制造商、App开发商进入安卓生态。安卓开源原本代表任何人都可以访问源代码并使用它来构建自己的、经过修改的操作系统，即"安卓分叉"。然而，谷歌却通过反分叉协议——限制移动设备制造商销售不符合谷歌技术和设计标准的安卓设备、预安装协议和收益共享协议事实上限制了"安卓分叉"的开发和创建，将主要移动设备制造商锁定在谷歌版安卓生态系统中，从而保证了谷歌在这些设备上被预设为默认搜索引擎。移动设备制造商如果违反反分叉协议，将无法获得谷歌应用商店授权以及使用谷歌应用服务（例如搜索App、谷歌浏览器等），也无法获得谷歌的收益分享。此外，谷歌在一般搜索市场主导地位的维持及巩固进一步提升了其在搜索广告及文本类搜索广告市场的竞争力。

2023年9月12日，该案在美国华盛顿特区开庭，庭审为期10周，法官阿米特·梅塔基本上同意了闭门作证和不公开法庭文件的要求。庭审结束后，各方将有机会重新陈述自己的观点。2024年2月23日，谷歌向法院提交了最终陈述，试图说服法庭相信其在搜索领域没有非法垄断，表示通过创新和服务质量取得的竞争优势不应成为起诉的对象。

平台支配力量的跨市场传导引发监管机构的高度关注。美国司法部关于谷歌的指控，反映了这样一个现象：占主导地位的互联网平台已经拥有将强大市场力量传导至其他相关市场的能力，这种行为通常被称为"杠杆传导"。在传统反垄断实践中，此类行为并不适用本身违法原则，而要依据合理原则进行个案分析。然而，欧盟2017年对谷歌、脸书的反垄断处罚以及2018年对谷歌的创纪录罚款均是基于对此类行为的关注。此外，如前所述，欧盟《数字市场法案》中已经明确对"守门人"平台企业施加了"杠杆传导"限制，例如，第五条第8款规定不能将使用"守门人"某一核心平台服务作为使用其他核心平台服务的条件等；美国众议院2020年《数字市场竞争调查》报告与德国《数字竞争法》同样对此类行为进行了回应。监管机构对于数字市场"杠杆传导"行为的警惕或许是因为，互联网平台跨边网络效应使其相较传统企业的"杠杆传导"更易实现、影响更大。正如前述分析，在某一细分市场占据主导地位的平台很容易凭借用户规模等通过跨边网络效应在短时间内进入新市场甚至获得显著优势。

（四）美国联邦贸易委员会诉脸书"杀手型并购"案：强化对平台并购初创企业的监管

2020年12月，美国联邦贸易委员会（FTC）和46个州、关岛及哥伦比亚特区总检察长分别对脸书提起反垄断诉讼。起诉认为，在过去10年里，脸书以掠夺性方式收购其潜在竞争对手，以消除竞争、维持其垄断地位，从而削弱了消费者的选择，剥夺了广告商从竞争中获益的机会。这主要是指脸书2012年4月以10亿美元收购照片分享初创平台Instagram，以及2014年2月以190亿美元收购移动即时通信应用WhatsApp的行为。FTC认为，这两次收购不仅让脸书消除了其直接竞争威胁，同时还帮助其在个人社交网络市场构筑起一条强大的"护城河"。对此，FTC在诉讼请求中提出：一是要求脸书进行资产重组或剥离（包括但不限于Instagram和WhatsApp），以恢复市场竞争；二是要求脸书在未来并购中必须履行事前通知义务，获得批准后方可执行。

2021年6月，美国地区法官詹姆斯·博阿斯伯格驳回了FTC最初在特朗普执政时期提出的申诉，称FTC没有充分证据证明其关于脸书具有垄断力量的指控。美国46个州联合起诉脸书的垄断案同样被法院驳回，理由是已过诉讼时效。不过，在FTC补充证据后已重新提起诉讼。2023年12月，FTC向法官请求推进诉讼。

过去10年，全球最大的5家平台企业共进行了超过400次并购，然而没有一起被阻止，也很少被附条件批准，甚至绝大多数并未遭到监管机构的审查。这主要是因为：一方面，互联网平台收购的往往是处于早期发展阶段的企业，很难触发基于营业额的并购审查门槛；另一方面，传统基于短期价格影响和静态市场结构的损害分析框架也难以适用于数字市场，增加了监管机构的预测难度。然而，伴随数字市场的日益集中，监管机构逐渐意识到部分超大型平台的并购确实带来了反竞争影响。一方面，超大型平台利用并购实现了向相邻市场的扩张，提供与其核心业务相辅相成的产品和服务，进一步增强了其市场地位，如谷歌收购广告交易平台DoubleClick；另一方面，超大型平台还通过并购直接消除了其未来的潜在竞争对手，正如FTC对脸书收购Instagram和WhatsApp的指控。

上述背景下，部分国家和地区的监管机构开始试图做出变革，加强对超大型平台并购行为的监督。欧盟在《数字市场法案》中要求"守门人"平台向欧盟委员会申报任何拟进行的并购交易，即便交易未达到申报标准；并于2020年9月修订了《欧盟企业合并控制条例》中关于成员国与欧盟委员会管辖权移交的相关内容，以强化对那些未达到任何成员国申报标准的合并交易的审查，以此来更好地应对数字市场中参与交易的经营者的营业额可能与其实际或潜在的影响力不符的情况，例如对那些具有重要竞争潜力的新进入者、创业企业的收购。2021年3月，欧盟委员会进一步发布《关于将〈欧盟企业合并控制条例〉第22条规定的移送机制应用于某些类别案件的指南》，明确将低于规定标准的猎杀式并购纳入移送审查范围，即便有关交易并未达到成员国并购审查门槛。2022年11月，FTC发表声明，表示对反竞争行为的判断不再受制于"合理原则"，将排除基于效率等积极竞争效果的抗辩，将超大型平台的"具有竞争损害倾向"的连环并购等纳入规制范围。此外，印度在其2023年的《竞争修正案》中规定，如果目标公司在印度运营着重大的商业活动，当其并购交易额超过200亿印度卢比（约2.45亿美元）时，就会触发并购审查。此修订将加强对平台领域常见的针对初创企业、非盈利企业的小型并购交易的规制。

（五）阿里巴巴"二选一"案：不得以排他方式限制商家的多栖行为

2020年12月，国家市场监督管理总局宣布对阿里巴巴的"二选一"等涉嫌垄断行为立案调查，并于2021年4月10日作出行政处罚，认定其在中国境内网络零售平台服务市场具有支配地位，所实施的"二选一"行为属于滥用市场支配地位行为，责令其停止违法行为，并处以其2019年度中国境内销售额4557.12亿元4%的罚款，计182.28亿元。本次处罚是我国2008年《反垄断法》实施以来的最高行政处罚金额。

本案首次从反垄断角度对"二选一"行为进行规制。我国此前已从反不正当竞争角度对多起"二选一"行为进行过调查和处罚。2017年，金华市市场监督管理局就曾依据《浙江省反不正当竞争条例》，对美团外卖的"二选一"行为作出处罚决定，合计罚没52.6万元；国家市场监督管理总局也于2021年2月对唯品会利用巡检系统等技术手段，强迫品牌经营者在唯品会和爱库存两个平台之间"二选一"的行为处以300万元的行政处罚。

　　本案首次在反垄断执法中将互联网平台整体界定相关市场。本案中相关市场被界定为"中国境内网络零售平台服务市场"，处罚决定书中详细论证了为何网络零售平台服务与线下零售商业服务不属于同一相关商品市场，并明确论述了为不同类别经营者（即B2C和C2C）、不同商品销售方式、不同商品品类提供的网络零售平台服务属于同一相关商品市场，其分析逻辑和论证方式为未来平台经济反垄断中的类似工作提供了借鉴。

　　本案或将成为全球范围内类似案件的指引。全球在平台经济领域已经有多起反垄断案件，但至今尚未形成类似阿里巴巴电商平台"二选一"的相关判例。2019年8月，沃尔玛曾在墨西哥市场对亚马逊进行了类似的"二选一"行为，未能得到监管干预；2020年1月，印度竞争委员会（CCI）则对亚马逊和沃尔玛旗下的Flipkart发起调查，认为这两家电商平台与智能手机厂商之间的排他性合作（即独家发售）涉嫌垄断行为，目前该案还未做出最终判决。我国阿里巴巴"二选一"案或许可以为其他国家和地区类似案件提供一定参考。

第三章

社交媒体平台与网络生态治理的演进

一、平台如何塑造媒体与社会

　　互联网是由Web 1.0向Web 2.0的演进，在为社交媒体平台的兴起与发展奠定基础的同时，也为引入社会视角看待企业的"大"埋下了伏笔。各国监管机构普遍关注社交媒体平台的崛起，这并不仅仅源于其可能引发的市场竞争等经济层面的问题，还在于其深刻改变了人们获取和生产信息的方式，改变了人与人之间交流、互动的方式，进而对社会关系产生了重要的影响。

　　当前，社交媒体平台已逐渐成为人们获取新闻和信息的主要来源。英国网络市场调查和数据分析公司YouGov的一项调查显示，美国和英国使用社交媒体平台作为新闻来源的人数比例在5年内几乎翻了一番。而德国数据分析公司Statista对2023年全球44个国家和地区的相关调查结果显示，将社交媒体作为获取新闻来源的人数比例达到一半以上的国家有25个，在尼日利亚、泰国、马来西亚、南非和肯尼亚，这一比例甚至高达70%以上。

　　与此同时，社交媒体平台还打破了传统以新闻媒体机构为中心的信息分发模式，赋予了大众发表言论的渠道，信息发布主体海量分散、信息传播高速便捷的自媒体时代由此到来。截至2024年1月，全球社交媒体活跃用户数首次突破50亿，达到50.4亿，相比10年前增长了2.4倍。

　　社交媒体平台赋予了人们能够快速建立联系的能力，而这同时也意味着社会组织具备快速实施集体行动的能力，这种围绕统一目标进行松散协作的在线行动模式也被称为"自组织治理"模式。

二、平台内容从"自治"走向"法治"

Web 2.0发展初期，监管机构与平台企业自身都未预见其对媒体与社会带来的深刻影响，更未预见由此而面临的治理挑战。事实上，在很长一段时间内，在互联网技术本身"去中心化"特征及网络思潮的影响下，世界许多国家对平台内容的监管主要依靠"网络自治"和互联网企业的"自律管理"模式。

由于一些违法、有害内容借助社交媒体平台传播，并对社会产生不可忽视的负面影响，社会各界关于政府应加强对互联网平台内容监管的呼声越来越大。据不完全统计，自2015年，全球范围内颁布的关于互联网内容治理的法案或提案已超过100部。

平台上的暴力内容成为立法者或政策制定者关注的重中之重。德国联邦司法部于2015年12月发起一项名为"打击网络极端言论"的行动，联合多个部门及平台企业，针对网络极端仇恨言论与暴力内容进行清理。根据德国联邦司法部公布的数据，到2017年第一季度，社交网络处理非法内容的进度缓慢。在此背景下，2017年3月，德国联邦司法部提出一项改善社交网络执法的草案，即《改进社交网络中法律执行的法案》（以下简称《网络执行法》），并于2017年10月1日起开始实施。根据德国《网络执行法》要求，在德国注册用户超过200万的社交媒体平台必须审查并删除被标记的非法内容。具体而言，包括对明显违法的内容应在收到投诉后24小时内删除、对其他非法内容应在7天内进行评估并删除或阻止访问。如果内容被删除，社交媒体平台企业还必须在欧盟境内的服务器上出于证据目的保留并存储该内容10周。《网络执行法》使德国成为西方国家中最早从法律层面对社交媒体平台上网络极端仇恨言论与暴力内容进行系统回应的国家。

欧盟也出台了相关行为守则与指导意见。2016年5月，欧盟委员会与脸书、微软、推特和YouTube在打击网络极端仇恨言论传播方面达成一致，就明确"通知—删除"流程、24小时内对删除网络极端仇恨言论通知进行回应等做出公开承诺。2017年6月，欧洲理事会召开会议，再次表达了对欧盟发生的一系列恐怖袭击和网上恐怖宣传扩散的担忧，强调了互联网行业帮助打击网络恐怖主义和犯罪的责任，呼吁社交媒体平台采取一切必要措施防止恐怖主义内容在网络上传播。2017年9月，欧盟委员会发布《加强打击网络非法内容》通报，旨在为互联网平台制定一套指导方针和准则，以与监管机构和其他利益相关方合作，加强打击网络非法内容。2018年3月，欧盟委员会在此通报基础上进一步发布了《关于有效打击网络非法内容的措施建议》。该建议中特别提到了对恐怖主义内容的打击，并提出了4条针对性举措：一是建议平台企业在发现恐怖主义相关内容后，在一小时内将其删除；二是采取自动检测等更迅速有效的措施；三是平台应建立快速通道程序以便尽快将非法内容移交相关部门，同时各成员国也需有能力检测、查明和移交恐怖主义内容；四是成员国应定期（最好每3个月）向欧盟委员会报告移交的案件及其后续行动，以及为遏制网络恐怖主义内容与各企业开展的合作。

社交媒体平台内虚假信息治理同样成为备受立法者和监管者关注的议题。德国《网络执行法》所针对的非法内容同样包含打击严重危害国家安全的虚假信息；法国宪法委员会于2018年12月通过了《反假信息操纵法》；欧盟层面则于2018年提出了《欧盟反虚假信息行为准则》，建议互联网平台采取措施识别和关闭虚假账户并解决自动机器人问题，使事实核查人员、研究人员和监管部门能够持续监控网上虚假信息等；俄罗斯于2019年3月颁布一项新法律，规定社交媒体平台需要按照俄联邦机构要求立即删除虚假信息，否则该平台的访问将受到限制；新加坡《防止网络假信息和网络操纵法案》于2019年10月起正式生效。

2020年3—10月，有17个国家通过了新的法律，以打击互联网虚假信息。2022年6月，欧盟推出新的强化版《反虚假信息行为准则》，提出了限制虚假信息传播者从中获取经济收益、提升政治广告透明度、加强合作以应对传播和操纵虚假信息相关技术挑战、赋予用户更好识别和标记虚假信息的权利、为虚假信息研究提供更好支持等128项具体措施。谷歌、脸书、微软、抖音均签署了《反虚假信息行为准则》。

此外，社交媒体平台中针对儿童的非法内容也成为立法规制重点。2021年，澳大利亚通过了《在线安全法案》，该法案要求符合条件的社交媒体平台采取"合理步骤"，删除违反现行法律或被认为不适合儿童年龄的内容。2023年10月，英国政府发表公告称，《在线安全法案》已获批正式成为法律。该法案将儿童保护作为重中之重，要求平台快速删除非法内容或阻止非法内容出现在互联网平台上；防止儿童访问有害和不适合其年龄的内容；对社交媒体平台可能对儿童构成的风险进行评估并发布评估报告；为家长和儿童提供清晰易懂的平台联系方式，以便在出现问题时可在线投诉。2023年11月，英国通信管理局作为该法案的执行机构，进一步发布了该法案的行为准则草案，要求规模更大的社交媒体平台采取额外措施，以便更好地保护儿童，包括采取自动化工具检测对儿童有害内容等。美国也提出了《儿童在线安全法案》等草案，以监管与未成年人相关的在线内容。

为避免社交媒体平台滥用信息内容管理权力，随意删除社交媒体平台上的相关内容，各国最新立法还对社交媒体平台透明度提出了更多要求，以加强政府和公众对社交媒体平台的监督，从而达到更好的治理效果。德国在《网络执行法》中详细规定了社交媒体平台的通报义务，规定如果社交媒体平台企业每年收到的非法内容投诉超过100起，则须每半年在联邦公报和社交媒体平台网站上发布报告，公示其收到的用户关于违法内容的投诉数量和平台对应的处理情况。对于投诉内容，社交媒体平台还应通知相关用户投诉处理决定及原因。在法国，社交媒体平台在总统选举前的3个月内必须就"关于公共利益问题的辩论"内容做到"三公开"：一是公开相关内容赞助方的真实身份，主要是让用户了解谁在为这些内容付费及付费的人代表了谁的利益，从而帮助用户更好地作出相关判断；二是公开推广相关内容使用的有关个人信息的情况；三是公开平台推广相关内容所获得的报酬。英国《在线安全法案》则赋予了英国通信管理局向不同类型平台要求针对其特征的定制化透明度报告的权利。

虽然许多国家的最新立法并没有明确提出社交媒体平台应承担"主动审查义务"，却通过加大事后处罚的方式推动平台主动加强对平台上信息内容的治理，积极承担起更多的治理责任。例如，澳大利亚将社交媒体平台"未能防止重大暴力内容"在网络上的传播列入刑法规制范畴。根据澳大利亚《分享重大暴力内容》修正案，如果社交媒体平台企业"在意识到重大暴力内容存在后的合理时间内"未能向澳大利亚联邦警察局报告，或未能"确保将内容迅速删除"，则将面临刑事起诉，且可能被处以全球年营业额10%的罚款。其中，修正案对于"合理"或"迅速"等并无量化规定，将由陪审团来决定。这意味着修正案没有给出明确的社交媒体平台免责条款，相当于向社交媒体平台施加压力，促使社交媒体平台进一步加强主动治理。此外，修正案还规定，对"提供网络服务"而未能及时删除重大暴力内容的个人，最高可处以3年监禁或210万澳元（约1055万元人民币）罚款，或两者并罚，这意味着社交媒体平台企业高管在澳大利亚有面临被刑事起诉的风险。德国《网络执行法》规定，大量违法内容未被删除或屏蔽的社交媒体平台，将面临最高5000万欧元（约3.9亿元人民币）的巨额罚款。此外，英国《在线安全法案》也规定，对于操作不合规的社交媒体平台，英国通信管理局可对其处以最高1800万英镑（约16880万元人民币）或全球年收入10%的罚款。总体而言，对平台内容的监管开始从最初的"自治"走向"法治"。

三、平台责任的边界探讨与监管路径选择

互联网兴起初期，许多国家对平台内容的监管以行业自治为主，发达国家在其法律法规中还特别设置了豁免条款，以保护互联网平台不会因用户生成内容而承担责任。然而，正如前文所述，近年来，全球范围内关于加强互联网平台责任的呼声越来越高，部分国家开始寻求改变，在新的立法或提案中体现相关诉求。本书以美国、欧盟和中国为例，对不同监管路径下互联网平台责任的界定展开研究与分析。

（一）美国：给予平台广泛的免责保护

1996年，美国政府发布了一份关于全球电子商务发展的框架蓝图，提出"政府可以对互联网商业的发展产生深远影响，他们的行动既可以促进也可以抑制电子贸易"，并由此提出一套原则，第一条是应发挥企业主导作用，鼓励行业自律；第二条是政府应避免对电子商务进行不当限制，由此奠定了美国互联网行业的自治基础。此后，美国国会通过了一系列法律，1996年《电信法》第五章《通信规范法》第230条在过去20多年内都被视为硅谷的"保护伞"，《通信规范法》免除了平台企业因他人行为而承担法律责任

的可能，对平台内非知识产权的侵权行为设立了完全豁免原则，但该法案明确将知识产权诉讼排除在外，即互联网平台还是可能因版权或商标相关纠纷而承担责任。1998年，美国在《数字千年版权法案》（DMCA）中确立了以"通知—删除"规则为核心的"避风港原则"。依据"避风港原则"，互联网平台应停止向重复侵权的用户提供服务并经版权所有人要求删除侵权内容，若遵守"通知—删除"规则，互联网平台即可免责。在随后DMCA的国会报告中，美国又进一步确立了"红旗原则"，即平台应对显而易见的违法内容负责，旨在对"避风港原则"进行补充与纠正。总体而言，20世纪末，美国通过的一系列法律都使社交媒体平台免于承担积极的内容审查责任。

2020年以来，美国开始对《通信规范法》第230条及范围进行重新审视，以反思过去对于互联网平台的法律责任豁免保护是否存在不利于对网络虚假信息和有害内容的治理行为。

美国《通信规范法》第230条主要包含两项内容：第（1）项内容规定互联网平台不应被视为"他人提供的任何信息的发布者或发言者"，这一项内容旨在免除互联网企业因他人行为而承担法律责任的可能；第（2）项内容又规定平台自愿和"善意"地限制来自其他主体的"过度暴力、骚扰他人或其他令人反感的不良信息"时，免于承担法律责任，该条旨在鼓励平台能够积极采取措施删除那些确实有害的内容。

当前，美国关于第230条的修改存在两种不同的看法：一种认为应鼓励平台删除更多有害内容，另一种则主张鼓励平台删除更少合法内容。

2020年，美国政府发布了一项关于社交媒体在线审查的行政命令。该行政命令中表示，虽然美国《通信规范法》第230条就互联网平台对用户生成内容提供了责任豁免权，但豁免范围有必要被进一步明确，不应超出法律条文的字面含义和目的，尤其不应该成为那些声称为用户提供自由公开言论场所，实际上却通过"欺骗性、借口性"的内容审查扼杀言论自由的互联网平台的保护伞。

与此同时，行政命令要求美国联邦通信委员会（FCC）对第230条作出进一步解释：包括第230条第（1）项与第（2）项的相互关系，以解释不能获得第（2）项豁免的平台在何种情况下也不符合第（1）项的保护资格，以及第（2）项中"善意"的具体含义。然而，2021年5月，美国表示撤销关于限制在线审查的行政命令。

当前，美国关于第230条修改的争议仍在继续。虽然近年来美国议员已提出了数十项旨在改革第230条的立法提案，其中一些主张完全废除第230条；一些建议对其进行改革，针对较大规模的平台企业或某些特定类型的内容，缩限第230条的豁免权；出版行业则建议通过取消平台对付费广告和其他广告内容的豁免权来限制第230条的保护范围，使网络欺诈的受害者在适当条件下可以追究平台的责任。正如报社在故意发布欺诈或欺骗性内容时可能要承担的责任一样，互联网平台也应该承担此类责任。但目前美国对第230条的修改内容尚未达成共识。在美国，社交媒体平台仍将享有广泛的豁免保护，除涉及知识产权等特定情形外，不用为用户生成或分享内容的行为承担责任。

（二）欧盟：改革立法强化平台"中间人"责任

欧盟主要依据《电子商务指令》对互联网平台进行监管，该指令于2000年出台，在确立禁止对互联网平台施加一般性审查义务的同时，设立了"避风港"机制，对互联网平台传输、缓存、托管第三方信息原则上实施责任豁免。相比美国，欧盟对部分互联网平台仍然保留了适用积极责任标准的可能性，明确欧盟成员国的互联网平台负有检查和预防侵权活动的"注意义务"。此外，由于《电子商务指令》缺乏法定的"通知—删除"制度，因而当互联网平台未删除侵权内容时，其是否能够免除侵权责任存在很大的不确定性。但总体而言，欧盟《电子商务指令》对互联网平台责任的规定仍然较为宽松。

2008年以来，多个欧盟成员国逐渐担忧平台内容的自治情况。为避免成员国单独立法对欧盟数字单一市场带来的不利影响，《电子商务指令》的修订被提上议程，欧盟《数字服务法案》正是在这样的背景下诞生的。

2020年6—9月，欧盟委员会就《数字服务法案》"一揽子"立法计划开启公众磋商程序，力图通过广泛征求意见来为该法的制定建立两个坚实支柱，以解决欧盟数字经济发展存在的问题。支柱一是更新欧盟2000年《电子商务指令》的有关规定，特别是关于责任免除和原产地规则（即服务提供者应遵循其注册地的法律法规）的内容，侧重于加强互联网平台在内容审核方面的责任，并研究如何在欧盟层面加强对平台内部规定的监督。支柱二是深入探讨制定"事前规则"的可行性，以确保小型平台能在已存在诸多大型平台的数字市场上保持公平、开放和有效竞争的地位。

欧盟认为，互联网平台在深刻改变社会经济发展方式、为消费者带来巨大福利、给企业带来新的商机的同时，也被滥用于传播非法内容、在线销售非法商品或服务。一些大型互联网平台甚至成为信息共享和在线交易的准公共空间，对用户权利、信息流动和公众参与构成特殊风险。因此，《数字服务法案》的出台旨在修订完善《电子商务指令》，在仍坚持禁止一般性审查义务和"避风港"原则的基础上，进一步强化互联网平台特别是大型互联网平台作为连接用户和产品、服务、内容的"中间人"应肩负的责任，营造安全可信的在线环境。2022年11月16日，《数字服务法案》正式生效。

《数字服务法案》要求构建欧盟—成员国两级数字服务监管体系。根据《数字服务法案》，成员国在数字服务监管中负有主要责任，需要指定一个主管机关作为"数字服务协调机构"负责法案实施的所有事宜，与其他成员国及欧盟机构进行合作，具有相应的调查、执法和处罚权。一是欧盟授权成立由数字服务协调机构组成的咨询机构——欧洲数字服务委员会，负责向各成员国数字服务协调机构和欧盟委员会提供建议，促进两者在法案规定事项方面的有效合作，协助两者对超大型平台进行监督。二是赋予欧盟委员会对大型互联网平台一定的监督和执法权，作为成员国监管的协助和补充。欧盟委员会可以根据欧洲数字服务委员会的建议、应数字服务协调机构的邀请或主动对超大型在线平台的违法行为提起诉讼并罚款。

《数字服务法案》按照互联网平台服务性质和规模不同设立不对称管制义务。《数字服务法案》分别为中间服务提供者（涉及传输、托管或缓存服务）、托管服务提供者（例如云服务、Web托管）、在线平台和超大型在线平台这4类企业设立义务。在这4类企业中，前一类企业包含了后一类企业的义务，后一类企业在承担前一类企业责任的基础上需要叠加其他义务。《数字服务法案》规定，在通常情况下，单纯的传输、缓存和托管服务提供者对其传输或存储的信息不负有任何责任，且对非法活动没有一般监督或积极实施调查的义务。与《电子商务指令》不同的是，《数字服务法案》规定了所有的中间服务提供者，在执行有关主管机关依据欧盟法律发出的关于针对非法内容的行动命令和关于提供用户信息的要求时，不得无故拖延。此外，对于在线平台及超大型在线平台则赋予了额外的义务要求。

对于在线平台，一方面，《数字服务法案》规定其须优先处理"可信举报人"关于请求删除非法内容的通知。"可信举报人"由成员国数字服务协调员认证，通常为在检测、识别非法内容方面具有特殊专业知识和能力的人。另一方面，《数字服务法案》要求其暂停向经常发布明显非法内容的用户提供服务。此外，对于允许消费者和贸易商签订远程合同的互联网在线平台，《数字服务法案》还制定了与我国《电子商务法》相关要求类似的规定。一是在线平台确保贸易商身份可追溯，包括在使用在线平台服务时须提交姓名、地址、电话号码和电子邮件地址信息，以及贸易商身份证明文件等。在线平台应尽最大努力评估贸易商提交的相关信息是否可靠、完整，若不完整应要求贸易商更正和完善相关信息，否则暂停向其提供在线平台服务。二是在线平台界面设计应便于贸易商合规，包括展示产品或服务所需的信息、任何识别商户身份的标志（例如商标）信息，以及有关表明其产品符合欧盟安全要求等标签和标记信息。在线平台应做出合理努力，随机检查贸易商提供的产品或服务是否合法。三是在发现消费者购买了非法产品或服务时，在线平台应向消费者发出通知；如果无法与消费者取得联系，在线平台应采取在其界面上公布有关非法产品或服务的信息、贸易商身份信息等任何相关补救措施。

《数字服务法案》将月活跃用户超过欧盟总人口10%（4500万人）以上的在线平台界定为超大型在线平台（VLOP）或超大型在线搜索引擎（VLOSE）。2023年4月25日，欧盟委员会首次公布了其认定的17个超大型在线平台和两个超大型在线搜索引擎。2023年12月20日，欧盟委员会再次公布了第二批认定的3个超大型在线平台。欧盟认定的超大型在线平台和超大型在线搜索引擎见表3-1。

表 3-1　欧盟认定的超大型在线平台和超大型在线搜索引擎

认定类型	名称	认定日期
超大型在线平台	阿里巴巴全球速卖通	2023.4.25
	亚马逊商店	
	苹果应用商店	
	缤客	
	脸书	
	谷歌应用商店	

续表

认定类型	名称	认定日期
超大型在线平台	谷歌地图	2023.4.25
	谷歌购物	
	Instagram	
	领英（LinkedIn）	
	缤趣（Pinterest）	
	Snapchat	
	TikTok	
	推特（Twitter）	
	维基百科（Wikipedia）	
	YouTube	
	Zalando	
	Pornhub	2023.12.20
	Stripchat	
	XVideos	
超大型在线搜索引擎	必应（Bing）	2023.4.25
	谷歌搜索（Google Search）	

　　欧盟认为超大型在线平台具有重大的社会影响力，在传播非法内容、故意操纵公民言论和选举进程等方面存在系统性风险。因此，《数字服务法案》对其提出了额外要求。一是要求超大型在线平台每年至少开展一次系统性风险自评估，包括通过其服务传播非法内容、对公民选举和公共安全等相关的任何实际或可预见的负面影响等。在线平台应根据评估结果采取相应的风险缓解措施，包括调整内容审核或算法推荐系统、限制广告的展示、加强内部监督等。二是要求超大型在线平台每年至少自费开展一次由第三方独立机构进行的合规审计。审计机构应审查互联网平台是否履行了法定义务和自我承诺，得出正面、正面附带评论和负面3种审计意见，并提出具体的合规

建议，在线平台应在收到非"正面"审计报告后的一个月内出具一份审计执行报告，列明其针对合规建议拟采取的措施。此外，为增强公众监督，《数字服务法案》还要求超大型在线平台每年在完成风险评估和风险缓解措施报告、外部审计报告和审计执行报告之后的3个月内，将有关报告对外公开。

为确保超大型在线平台真正落实《数字服务法案》相关要求，法案规定超大型在线平台应与政府进行数据共享，以评估其合规情况。根据《数字服务法案》规定，超大型在线平台须在合理期限内，通过在线数据库或应用程序接口（API）向数字服务协调员及欧盟委员会提供评估合规情况所必需的数据访问。数字服务协调员和欧盟委员会仅能将数据用于前述目的，并应适当考虑超大型在线平台及其用户的相关利益，包括保护个人数据、商业秘密和维护其服务的安全性等。数字服务协调员也可要求超大型在线平台向经过审查的研究人员提供数据的访问权限，以便开展超大型在线平台系统性风险的相关研究。数据共享的技术条件和数据使用目的由欧盟委员会在与欧洲数字服务委员会协商后制定。

此外，《数字服务法案》还要求超大型在线平台在内部设置独立于其运营部门的合规部门。超大型在线平台须指定一名或多名合规官，包括合规部门负责人。合规部门负责人具备相应的专业资格、知识、经验和能力。合规部门负责人必须是独立的高级管理人员，对合规职能负有明确责任，并应直接向超大型在线平台管理层报告。其具体职责包括：与数字服务协调员及欧盟委员会进行合作；组织和监督超大型在线平台的外部审计活动；监督平台履行法定义务等。合规部门应具有足够的权力、级别和资源，以监督超大型在线平台对法案的遵守情况。

《数字服务法案》同样规定了高额罚款，对于违规的平台，最高可处以全球年营业额6%的罚款。对于未能及时遵守补救措施、临时措施和履行承诺的超大型在线平台，欧盟委员会可在一定期限内每日对其施加高达全球日均营业额5%的处罚。此外，值得注意的是，欧盟委员会为配备必要资源以确保《数字服务法案》有效施行，还在法案中规定超大型在线平台须每年向欧盟委员会缴纳一定费用作为其施行法案的经费，最高可达超大型在线平台全球营收的0.05%。

（三）中国：强调平台应落实主体责任

我国立法中关于互联网平台责任的规定最早见于2000年发布的国务院第291号令《中华人民共和国电信条例》及第292号令《互联网信息服务管理办法》（以下简称《办法》）。《办法》第十五条明确提出互联网信息服务提供者不得制作、复制、发布、传播含有"反对宪法所确定的基本原则的""危害国家安全，泄露国家秘密，颠覆国家政权，破坏国家统一的"等九类内容的信息，被形象地称为"九不准"。《办法》第十六条则规定，发现网站传输的信息明显属于上述内容的，应当立即停止传输，保存有关记录，并向国家有关机关报告。其中"明显"这一标准实际上试图排除互联网平台对那些难以发现或者违法性难以判断的用户内容承担责任，说明《办法》试图将互联网平台责任限制在有限范围内。

2007年，中共中央办公厅、国务院办公厅下发《关于加强网络文化建设和管理的意见》，提出"谁经营谁负责、谁办网谁负责"等理念，"压实主体责任"成为我国对网络违法有害信息内容治理的重要思路，由此加强平台责任也成为我国立法的明显趋势。2016年通过的《中华人民共和国网络安全法》第四十七条明确规定"网络运营者应当加强对其用户发布的信息的管理，发现法律、行政法规禁止发布或者传输的信息的，应当立即停止传输该信息，采取消除等处置措施，防止信息扩散，保存有关记录，并向有关主管部门报告"。2017年发布的《互联网新闻信息服务管理规定》第十二条提出，互联网新闻信息服务提供者应当健全信息发布审核、公共信息巡查、应急处置等信息安全管理制度。

2019年12月发布的《网络信息内容生态治理规定》（以下简称《规定》）则进一步对互联网平台责任进行了明确和细化。《规定》正式提出"网络信息内容服务平台应当履行信息内容管理主体责任，加强本平台网络信息内容生态治理，培育积极健康、向上向善的网络文化"。具体而言，事前阶段强调，网络信息内容服务平台应健全用户注册、账号管理、信息发布审核、跟帖评论审核等制度；事中阶段要求，网络信息内容服务平台对页面生态进行管理、实时巡查和应急处置，建立算法人工干预机制，建立网络谣言、"黑色产业链"信息处置机制，应当设立网络信息内容生态治理负责人，配备与业务范围和服务规模相适应的专业人员，建立发现—处置—报告机制，制定管理规则和公约，不得利用深度学习、虚拟现实等新技术新应用从事法律、行政法规禁止的活动等；事后阶段要求，网络信息内容服务平台应设置投诉举报入口、编制年度报告（包括网络信息内容生态治理工作情况、网络信息内容生态治理负责人履职情况、社会评价情况等内容），以及屏蔽、删除违法账号等。

与此同时，《规定》还树立了网络生态多元共治的理念，强调"政府、企业、社会、网民"等多元主体参与网络信息内容生态治理的主观能动性，对网络信息内容生产者、网络信息内容服务使用者和网络行业组织等主体在网络信息内容生态治理中的权利与义务都进行了明确规定。例如，关于用户，《规定》提出"鼓励网络信息内容服务使用者积极参与网络信息内容生态治理，通过投诉、举报等方式对网上违法和不良信息进行监督，共同维护良好网络生态"；关于行业组织，《规定》鼓励引导会员单位增强社会责任感、建立完善的行业自律机制、开展相关教育培训和宣传引导工作，并建立相应评价奖惩机制等。此后，在我国出台的涉及网络信息内容相关文件中，皆体现出"压实主体责任"的监管理念。2021年12月发布的《互联网信息服务算法推荐管理规定》中，要求服务提供者应履行采取措施防范和抵制传播不良信息等义务。关于压实互联网平台主体责任相关政策文件表述见表3-2。

表 3-2　关于压实互联网平台主体责任相关政策文件表述

发布日期	政策文件	内容
2017.8	《互联网论坛社区服务管理规定》	互联网论坛社区服务提供者应当落实主体责任，建立健全信息审核、公共信息实时巡查、应急处置及个人信息保护等信息安全管理制度
2019.12	《网络信息内容生态治理规定》	网络信息内容服务平台应当落实信息内容管理主体责任，履行信息内容管理主体责任，加强本平台网络信息内容生态治理，培育积极健康、向上向善的网络文化
2022.6	《移动互联网应用程序信息服务管理规定》	应用程序提供者和应用程序分发平台应当落实信息内容管理主体责任，积极配合国家实施网络可信身份战略，建立健全信息内容安全管理、信息内容生态治理、数据安全和个人信息保护、未成年人保护等管理制度
2022.11	《互联网信息服务深度合成管理规定》	深度合成服务提供者应当落实信息安全主体责任，建立健全用户注册、算法机制机理审核、科技伦理审查、信息发布审核、数据安全、个人信息保护、反电信网络诈骗、应急处置等管理制度具有安全可控的技术保障措施

此外，压实互联网平台主体责任的监管理念也被吸纳至其他政策法规中。例如，2014年出台的《网络交易管理办法》第二十六条规定："第三方交易平台经营者应当对通过平台销售商品或者提供服务的经营者及其发布的商品和服务信息建立检查监控制度，发现有违反工商行政管理法律、法规、规章的行为的，应当向平台经营者所在地工商行政管理部门报告，并及时采取措施制止，必要时可以停止对其提供第三方交易平台服务。"2016年公布的

《网络预约出租汽车经营服务管理暂行办法》第十六条规定："网约车平台公司承担承运人责任，应当保证运营安全，保障乘客合法权益。"2018年颁布的《电子商务法》第四十五条规定："电子商务平台经营者知道或者应当知道平台内经营者侵犯知识产权的，应当采取删除、屏蔽、断开链接、终止交易和服务等必要措施；未采取必要措施的，与侵权人承担连带责任。"

四、社交媒体平台与传统新闻媒体的利益再平衡

社交媒体平台在逐渐成为人们获取新闻和信息主要来源的同时，传统新闻媒体机构曾拥有的丰厚广告收入也转向了互联网平台。这是技术进步带来的必然结果，但也引发了两大阵营的长期博弈。

双方矛盾的重点是社交媒体平台是否需要因在搜索结果中显示新闻媒体的片段内容而向其付费。西方媒体机构认为，长久以来，社交媒体平台一直以近乎免费的方式使用内容生产者创造的内容，包括其花费大量精力与成本制作的新闻报道、媒体文章等，并由此催生出巨大的用户流量和广告收益。尽管有些社交媒体平台提供了广告分成计划等流量收益共享手段，但绝大部分收益仍被社交媒体平台独占。加之新闻媒体仍需依赖社交媒体平台分发内容，因此面临议价能力严重失衡的局面，盈利空间被大幅挤压。而社交媒体平台却认为，其不欠引用任何新闻媒体机构片段内容的费用。随着传统新闻机构收入压力的不断增大，其与社交媒体平台的矛盾日趋白热化，最终导致部分国家的直接监管干预。

（一）欧盟：为新闻片段设立版权

2019年5月17日，为维护统一市场，欧盟公布《数字化单一市场版权指

令（欧盟第（EU）2019/790号指令）》，其中，第15条赋予新闻媒体机构新的邻接权，要求新闻聚合等互联网平台为使用新闻出版物（包括其中的片段）的行为向新闻媒体机构付费，同时排除了对私人或非商业使用、超链接、非常简短摘录（包括个别字词）等情形的适用。然而，考虑到指令和新型邻接权的属地性质，欧盟各成员国在执行指令时难免存在执行尺度不统一的问题。截至2022年9月，欧盟已有15个成员国将《数字化单一市场版权指令》转换为国家法律。

（二）澳大利亚：强制平台与新闻媒体公平议价

与欧盟从版权视角切入立法不同，澳大利亚则直接通过法案强制要求平台与新闻媒体进行谈判。2020年，澳大利亚政府要求澳大利亚竞争与消费者委员会（ACCC）制定一套强制性行为守则，以解决澳大利亚新闻媒体企业与谷歌、脸书等互联网平台之间议价能力不平衡的问题。在此之前，经过市场调查，ACCC认为互联网平台作为传统新闻媒体互联网流量的重要来源及其在广告市场的强大影响力，使传统新闻媒体根本不具备公平议价地位。为此，ACCC公布了《新闻媒体和数字化平台强制议价准则》（以下简称《准则》）草案。2021年2月25日，澳大利亚议会正式通过《准则》。

根据最终发布的《准则》，该《准则》仅适用于被"指定的互联网平台"。需要指出的是，该《准则》授权澳大利亚具体指定哪些平台须接受规制，在做出决定时，应综合考虑以下两点：一是新闻媒体机构与互联网平台之间存在明显的议价能力不平衡问题；二是通过与澳大利亚新闻媒体达成协议，包括为其新闻内容付费，某互联网平台为澳大利亚新闻业的可持续发展作出了重大贡献。

"指定的互联网平台"在处理新闻内容时须遵守"最低标准"。"最低标准"旨在促使平台实现最低限度的透明度，具体包括两项义务：一是要求互联网平台向新闻媒体企业提供关于它们目前通过新闻内容收集的数据的相关解释，主要指用户与新闻内容的交互情况；二是要求算法修改预先通知，即法案规定如果互联网平台修改算法，并可能会明显影响新闻媒体企业内容的推荐流量，则需要提前至少14天通知新闻媒体企业。

未达成协议将触发调解和仲裁机制。《准则》要求如果"指定的互联网平台"在接到某新闻媒体企业发出的议价通知后3个月内——该企业须在澳大利亚通信和媒体管理局注册，仍未与该企业就被传播的新闻内容的费用等核心问题达成一致，则将触发调解和仲裁机制。一旦进入仲裁程序，双方当事人必须就其认为适当的费用提出"最终提议"，仲裁小组将根据双方提议或公共利益确定最终的具体费用金额。如果"指定的互联网平台"未能遵守仲裁裁决，则可能被处以最高为该平台过去12个月在澳大利亚年营业额10%的罚款。

从西方政府对社交媒体平台与传统新闻媒体机构利益失衡的介入来看，其并未真正起到拯救新闻业的作用。技术创新对传统行业的改革与颠覆具有历史必然性，与其守旧，不如革新。

第四章

平台经济与数据治理规则的构建

一、当数据作为新型生产要素

（一）数据对于互联网平台的作用及重要性

早在工业经济时代，数据就已被用于商业活动中，例如用户信息、临床试验数据等，这些数据通常是由相关人员经过组织、处理和积累，最终形成新的知识，从而使现有的生产或营销更加高效。然而，信息技术的快速发展赋予了数据更重要的内涵，使其成为与土地、劳动力、资本、技术等生产要素并列的新型生产要素。当前，数据规模、数据收集和处理的速度、数据种类以及数据价值都得到了极大提升。国际数据公司预测，到2025年，全球数据量将增长到163ZB。各种类型的数据得到了前所未有的收集、积累和利用。医学、工业、农业、物流业、保险业等多个行业和领域受益匪浅。

对于互联网平台而言，数据是支撑其商业逻辑的基石。以互联网平台为代表的数字服务提供者创造了一种区别于以往的全新商业模式。它们常以免费甚至补贴的方式向用户提供创新的数字产品和服务。但这种免费是以用户授权平台收集和使用他们的个人数据为代价的。2016年，曼海姆欧洲经济研究院的一项实证研究表明，个人信息收集与价格之间存在基本的相关性：安卓系统的付费应用收集的用户敏感信息要远比免费应用少。因此，对平台而言，数据即货币。而数据的这种货币性，最直接体现便是个性化广告。平台通过收集、分析数据，能够形成对用户的精准画像，从而对广告商产生巨大的吸引力。从理论上讲，针对某一特定用户，平台能够收集到的数据数量和类别越多，就越能准确地将其进行归类（即用户画像），也就能更精准地对该用户投放广告。

数据作为数字时代的核心生产要素，对于互联网平台而言，承担类似于原材料的角色。一是平台可以利用数据实现产品和服务的个性化。这与个性化广告原理类似。基于数据，平台可以更好地了解用户的个性化需求，实现个性化推荐与展示，帮助平台增强用户黏性。正如2014年美国白宫发布的《大数据：抓住机遇，保存价值》（*BIG DATA：SEIZING OPPORTUNITIES，PRESERVING VALUES*）中所述："实时处理多种不同类型的数据并进行融合，能够在消费者提出要求之前向他们提供准确的信息、产品或服务。"二是平台算法需要被新的数据不断"喂养"。例如，谷歌可以根据用户查询和对搜索结果的点击行为数据，更充分地理解用户问题和网页内容之间的关系，从而对搜索算法进行改进。三是平台还可以利用数据优化其运营策略。例如，脸书曾通过分析与比较活跃用户和流失用户相关数据，发现与活跃用户紧密相连的关键指标是"在10天内找到7位朋友"。根据这一指标，脸书设计了新的用户引导，使用户在既定时间内尽可能达成该指标，从而提升了用户留存率。

（二）平台模式下数据的双重递增效应

与其他生产要素相比，数据具有典型的非竞争性与非排他性特征。这意味着数据可同时被多人使用。通常情况下，一家企业在收集了特定数据之后，并不能阻止其他企业收集相同的数据。与此同时，数据也不具有稀缺性，数据量始终在不断增加。

从表面上看，与传统生产要素相比，数据很难成为一种垄断资源。然而，在平台模式下，数据却表现出显著的"强者愈强"特征。一方面，数据具有规模收益递增效应。数据积累能够提升平台服务，进而吸引更多用户，带来更多可收集的数据。例如，越多人使用某一搜索引擎搜索，该搜索引擎提供的服务质量就越好，因为它能够更准确地提供被请求的网络信息，进而吸引更多的用户。另一方面，数据具有范围收益递增效应。企业能够利用自己跨平台（跨业务）的数据种类提升产品或服务质量，从而吸引更多的用户，也为企业提供了更多的数据，用于进一步改进产品。例如，集合和分析跨服务的多种类数据，即通过用户的电子邮件、搜索查询、在浏览器上访问网页等，为该用户提供更具个性化的搜索结果。数据的规模收益递增效应和范围收益递增效应还会彼此强化，最终呈现显著的"强者愈强"特征。平台模式下数据的双重递增效应如图4-1所示。

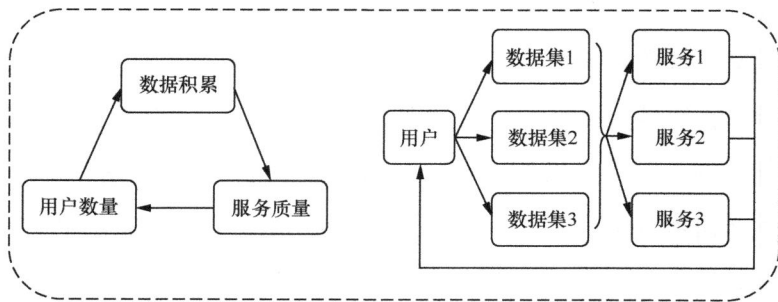

图 4-1　平台模式下数据的双重递增效应

（三）数据引发的监管忧虑

数据引发的首要监管忧虑来自对个人隐私保护的关切。平台以个性化广告为主的商业模式依赖于对用户数据的深入分析和利用。平台的隐私政策和默认设置往往倾向于收集和使用更多的用户数据，甚至采取用户不同意就无法使用的强制性条款，导致用户普遍对平台收集和使用个人数据的范围和方式缺乏选择和约束的能力。例如，平台隐私政策的设计通常包含大量的复杂条款，很少有用户会花时间仔细阅读以了解其数据是如何被收集和使用的。平台还可能通过突出显示"同意"按钮等方式来促使用户做出特定选择。即便是提供隐私设置管理的平台，其用户界面也可能缺乏明确提示，相关设置路径较为复杂，使大多数用户往往维持默认设置。平台对大量用户数据的收集和使用天然蕴含着隐私保护隐患。

与此同时，数据可能带来的竞争影响也引起了监管机构的关注。一方面，数据可能会构成竞争壁垒。从数据的成本结构来看，数据的收集、存储、处理和分析通常是由较高的固定成本和极低甚至可以忽略的可变成本组成的。这意味着已占据市场支配地位的企业通常会比较小的企业或新进入市场的企业在收集处理更多的数据方面拥有成本优势。此外，数据"强者愈强"的特征，也会使已占据市场支配地位的平台企业拥有巨大的数据优势，并很难被其他企业在短时间内以较为经济的方式获得。另一方面，数据收集和使用价值的差异性可能会为先发企业带来竞争优势。各类数据的收集和使用价值是存在差异的。一些数据的价值会随着时间消失，很难带来持久的竞争优势。而另一些数据的价值却是持久的，例如一个人的姓名、生日等数据，不过这类数据通常是一次性收集的，和与消费者关联的交易历史数据等需要时间积累的数据不同，这类数据很容易为企业带来先发优势。

对于大型平台企业而言，数据带来的竞争影响还可能体现在以下两个方面。一是大型平台可能会通过限制其他竞争对手获取数据的方式维持竞争优势。例如，脸书被曝从2012年开始切断应用程序开发者获取用户数据的渠道，以打压潜在的竞争对手。被曝出的内部文件显示，脸书将第三方应用程序划分为三大类：当前竞争对手、未来可能的竞争对手，以及在商业模式上能与脸书结盟的开发商。竞争对手将无法访问脸书的数据，非竞争者则可以通过签署"私有扩展应用程序接口协议"继续访问脸书的用户数据。二是大型平台凭借"市场组织者"身份获取的数据可以帮助其开展跨市场竞争。例如，2020年11月，欧盟委员会就亚马逊使用非公开的第三方卖家数据向其发出反对声明。调查显示，亚马逊违背了其所声明的平台政策，曾利用平台上第三方卖家的数据来调整自营业务的零售品供应和商业策略制定，从而使亚马逊自营业务能够锁定最畅销的产品，并在定价方面相对平台上的第三方商家拥有优势。

近年来，数据安全逐渐成为各国政府关注的焦点。因此，监管机构对于平台数据收集和使用的关注实际包含了对隐私保护、竞争和安全的全面关切。但与此同时，数据作为数字时代的核心生产要素，对于平台企业发展至关重要。如何在防范平台数据收集和使用不当可能带来的隐私、竞争和安全风险与充分释放数据要素价值之间取得平衡，对各国政府治理能力均构成极大的考验。

二、全球个人信息保护制度的建立

（一）欧盟：个人信息保护制度的先行者

1950年，《欧洲人权公约》明确规定："每个人的私人和家庭生活、住所和通信都有权受到尊重。"随着互联网的发展，欧盟意识到信息技术革命赋予了个人隐私保护新的内涵。在此背景下，1995年，欧盟通过了《数据保护指令》，为欧盟成员国个人数据保护立法设立了一般性规则和最低标准。由于《数据保护指令》本身不能直接适用，因此各成员国将《数据保护指令》的要求转化为本国国内法，例如，英国于1998年颁布的《数据保护法案》、意大利于1996年颁布的《数据保护法》等。

然而，各成员国在个人数据保护立法和实施上存在很大差异，以及各国独特的法制传统和文化氛围，最终导致不同成员国国内的个人数据保护程度和水平参差不齐，这与欧盟打造单一市场的目标背道而驰。与此同时，在《数据保护指令》实施的十几年后，互联网平台的崛起及其对大量用户数据的收集和使用使个人隐私保护面临的环境再次发生改变。为应对这些变化，2016年4月，欧盟正式通过了《通用数据保护条例》（GDPR）以取代1995年的《数据保护指令》，对各成员国具有直接适用的法律效力。2018年5月25日起，GDPR全面生效，并被称为史上最严格的个人数据保护法。

GDPR规定，在欧盟内部设立的数据控制者或处理者对个人数据的处理，不论其实际数据处理行为是否在欧盟内进行均受到该条例约束。可以看出，GDPR所规定的法律适用范围从过去的属地主义向属人主义扩展，对于成立地在欧盟以外的机构来说，只要其在提供产品或者服务的过程中处理了欧盟境内主体的个人数据，将同样适用于该条例。关于适用范围的规定是GDPR非常重要的一个变化，也是其备受欧盟之外企业关注的原因。

GDPR对个人数据处理提出了基本原则，包括：（1）合法、公平、透明原则，即对涉及数据主体的个人数据，应以合法的、合理的和透明的方式来进行处理；（2）目的限定原则，即个人数据的收集应当具有具体的、清晰的和正当的目的，对个人数据的处理不应违反初始目的，除非符合公共利益、科学研究等正当目的；（3）数据最小化原则，即个人数据的处理应当是为了实现适当的、相关的和必要的数据处理；（4）准确原则，即个人数据应当是准确的，如有必要，必须及时更新，必须采取合理措施确保不准确的个人数据及时得到删除或更正；（5）存储限制原则，即对于能够识别数据主体的个人数据，除非符合公共利益、科学研究等正当目的，其存储时间不得超过实现其处理目的所必需的时间；（6）数据的完整性与保密性原则，即处理过程中应确保个人数据的安全，采取合理的技术手段、组织措施，避免数据未经授权即被处理或遭到非法处理，避免数据发生意外毁损或灭失。

对于数据主体的权利，GDPR进行了进一步扩展和新增。一方面，扩展了数据主体知情权和同意权的规定。对于知情权，GDPR规定数据控制者必须以清楚、简单、明了的方式向个人说明其个人数据是如何被收集处理的，并详细列举出应当告知用户的具体事项；关于同意权，GDPR规定用户的同意必须是在充分知情的前提下自由做出的。另一方面，新引进了被遗忘权和可携带权。对于被遗忘权，GDPR第十七条规定，在下列情形下，用户有权要求企业及时删除其个人数据：该数据之于其收集、处理目的不再必要；用户撤回其同意，并且没有其他正当理由支持继续处理该数据；用户反对处理其个人数据，并且没有其他正当理由支持继续处理该数据，或者出于直接营销目的处理个人数据，遭到用户反对的；非法处理个人数据的；为了遵守企业在欧盟或者成员国法律之下的义务，必须删除该数据；为提供信息社会服务，经其监护人同意而处理儿童个人数据的。对于可携带权，GDPR第二十条规定，用户有权以有序的、常用的、机器可读的方式获取其个人数据，并且有权将这些数据转移到另一个企业，原始收集、存储这些数据的企业不得干扰用户转移。在技术可行的情况下，用户有权要求原始收集、存储其个人数据的企业直接将这些数据转移到另一个企业。

对于数据控制者和处理者的义务，GDPR同样作出了规定，包括通过设计以默认方式保护数据、记录处理活动、与监管部门合作、安全处理数据、数据泄露通知、开展数据保护影响评估及设立数据保护官等多项义务。此外，GDPR极大地提高了行政处罚的力度，规定了巨额的行政罚款，对于违反数据处理的一般性原则等行为，最高可处以2000万欧元或者企业上一年度全球营业收入4%的罚款，且两者取其高，显著加大了该条例的威慑力度。

（二）中国：积极推进个人信息保护立法与实践

2021年8月20日，十三届全国人大常委会第三十次会议表决通过了《中华人民共和国个人信息保护法》（以下简称《个人信息保护法》），并于2021年11月1日起正式施行。

《个人信息保护法》在借鉴国际经验做法的同时，立足国内具体实践，确立了个人信息处理活动需要遵守的5项基本原则。一是合法、正当、必要和诚信原则。该原则作为《个人信息保护法》的首要原则，是个人信息处理者实施处理活动的前提。二是目的限制原则。首先，要求目的特定，即处理个人信息应当具有明确、合理的目的；其次，要求直接相关，即处理个人信息的活动必须与处理目的直接相关；最后，要求影响最小，限定实现处理目的的最小范围，不得过度收集个人信息。三是公开透明原则。该原则保障了个人的知情权和决定权，是个人信息处理者履行"告知同意义务"的前提，并据此产生了个人有权向个人信息处理者查阅、复制其个人信息的权利。四是质量原则，即完整性和准确性原则。该原则是指个人信息处理者应当保证其所处理的个人信息的质量，避免因个人信息的不准确、不完整，对个人权益造成不利影响。五是安全保障原则。该原则包括两个方面，即责任要求和安全要求。责任要求是指个人信息处理者应当对其个人信息处理活动负责。安全要求也被称为保密原则，要求个人信息处理者应当采取必要措施保障个人信息的安全。

合法性基础是开展个人信息处理活动的前提条件，也是各方呼吁《个人信息保护法》解决的基本问题。长期以来，我国围绕"告知—同意"建立起合法处理个人信息的基本规则，要求处理个人信息应当在事先充分告知的前提下取得个人同意，而"取得个人同意"一度成为处理个人信息的唯一合法性基础。但随着数字经济的持续发展，个人信息处理的场景日益复杂多样，对个人信息处理的需求也越来越多，单纯的"同意"规则难以满足经济社会发展趋势以及行业监管治理需要。为此，《个人信息保护法》在"告知—同意"的基础上，进一步丰富了处理个人信息的合法性基础。个人信息处理合法性基础见表4-1。

表 4-1　个人信息处理合法性基础

序号	合法处理个人信息场景
1	取得个人的同意
2	为订立、履行个人作为一方当事人的合同所必需，或者按照依法制定的劳动规章制度和依法签订的集体合同实施人力资源管理所必需
3	为履行法定职责或者法定义务所必需
4	为应对突发公共卫生事件，或者紧急情况下为保护自然人的生命健康和财产安全所必需
5	为公共利益实施新闻报道、舆论监督等行为，在合理的范围内处理个人信息
6	依照本法规定在合理的范围内处理个人自行公开或者其他已经合法公开的个人信息
7	法律、行政法规规定的其他情形

《个人信息保护法》在参考GDPR等国际立法实践的基础上，立足我国现实需求，赋予了个人信息主体知情权、决定权、限制处理权、查阅权、复制权、可携带权、更正权、补充权、删除权和解释说明权等多项权利。

与赋予个人信息主体多项权利相对应，《个人信息保护法》设立专门章节规定了个人信息处理者在开展个人信息处理活动中应当履行的义务，包括制定企业内部的管理制度和操作规程等安全保障义务、指定个人信息保护负责人、定期对其个人信息活动进行合规审计、事前风险评估、履行个人信息泄露通知和补救义务等。值得注意的是，《个人信息保护法》还对大型互联网平台规定了特别的个人信息保护义务。对外包括：成立主要由外部成员组成的独立机构对个人信息保护情况进行监督；定期发布社会责任报告，接受社会监督。对内包括：建立健全个人信息保护合规制度体系的义务，制定合理的平台规则，对平台内的产品或服务提供者关于"处理个人信息的规范"和"保护个人信息的义务"进行明确，并履行监督义务。

关于行政处罚，《个人信息保护法》在立法之初就加大了对违法处理个人信息或者没有履行个人信息保护义务行为的处罚力度，并在最终通过的条文中得到延续。《个人信息保护法》明确了个人信息处理者在违反本法规定的情况下所要承担的一般责任与情节严重时的法律责任，特别是对于情节严重的，可处五千万元以下或者上一年度营业额百分之五以下罚款，并可以责令暂停相关业务或者停业整顿、通报有关主管部门吊销相关业务许可或者吊销营业执照；对直接负责的主管人员和其他直接责任人员处以罚款，并可以决定禁止其在一定期限内担任相关企业的董事、监事、高级管理人员和个人信息保护负责人。

《个人信息保护法》的出台有效弥补了我国个人信息保护领域法律体系的缺失，但个人信息保护工作具有动态性、技术性等特征，需要在现行法律法规的基础上，根据实践情况持续制定/修订相关制度规则，增强法律规范的系统性、针对性和可操作性，在个人信息保护方面形成更加完备的制度、提供更加有力的法律保障。从这个角度理解，《个人信息保护法》的出台可以看作我国个人信息保护法律制度建设的新起点。

（三）美国：分散的个人信息保护立法

目前，美国尚未在联邦层面建立全面的个人信息保护立法，也没有建立特定的政府数据保护机构，而是通过行业立法和州立法来保护数据和隐私。在行业立法层面，美国联邦和各州针对电信、金融、医疗、教育、在线服务等特定行业或特定类别数据调取等问题进行了特别规定，例如，《健康保险便携性与问责法》《金融服务现代化法》中都有个人信息保护方面的相关规定。在州立法层面，各州近年来纷纷启动了综合性立法工作，制定相应的个人信息保护法规，其中比较知名的是加利福尼亚州于2018年6月通过的《加州消费者隐私法案》（CCPA）及2020年11月通过的《加州隐私权法案》（CPRA）。

加州作为亚马逊、谷歌、苹果等互联网企业总部所在地，其地方法案对美国乃至世界其他地区都有重要影响。CCPA被称为是美国最全面、最严厉的州个人隐私法。CCPA明确了消费者在个人信息保收集过程中享有知情权，企业必须披露收集的信息、商业目的以及共享这些信息的第三方；明确了消费者在个人信息使用过程中可以选择不出售其个人信息的决定权；明确了未成年人保护规则，即禁止企业在未经本人授权情况下出售16岁以下未成年人的个人信息，而对于未满13周岁的未成年人，则需要获得其父母的同意。总体来看，CCPA在提升个人信息保护水平的同时，仍然坚持了美国在个人信息保护领域的弹性和灵活性特点，对个人信息的收集使用总体采取"默示同意"（opt-out）模式，而非欧盟GDPR采取"明示同意"（opt-in）模式。"默示同意"（opt-out）模式是美国隐私保护制度中的重要内容，该模式的前提是默认用户同意数据收集方利用个人信息或向第三方分享，同时赋予用户通过明示方式选择不允许与非关联第三方共享他们个人信息的权利。与"明示同意"（opt-in）模式相比，该模式降低了企业获得用户个人信息数据的成本，为企业探索创新商业模式留下更多的自由空间。CPRA做出了很多此前CCPA并没有的规定，例如，将敏感信息与个人信息进行区分，赋予数据主体拒绝自身信息被用于个人画像的权利，增加了个人信息权利主体在个人信息共享时有权拒绝的规定，补充了个人可以就个人信息泄露寻求司法救济的情形等。

近年来，随着数字时代数据共享利用与隐私权矛盾的日益突出以及州层面立法进程的加快，对于美国联邦层面出台规制私营部门的综合性隐私保护法的呼声愈发强烈。

2022年6月，美国众议院和参议院发布了《美国数据隐私和保护法案》（ADPPA）草案，这是首个获得两党、两院支持的综合性联邦隐私立法草案，其内容涉及国会近20年来个人信息保护辩论的各个方面。ADPPA草案旨在通过引入适当使用个人数据的忠诚义务、透明度义务、选择退出同意机制和个人权利、强化对未成年人的数据保护以及认证制度等多项要求，在国家层面构建一个强有力的框架保护消费者的数据隐私和安全。

在个人数据保护的总体思路上，ADPPA草案与GDPR和《个人信息保护法》截然不同，体现出高自由度、重视个人数据底线保护之上的价值释放特点。GDPR和《个人信息保护法》都要求个人数据处理活动应具有合法的基础，除相关法定事由外，在绝大多数情况下，数据处理都要事先取得相关个人的同意，即"选择同意"模式。ADPPA草案的保护逻辑则截然不同，并不要求数据处理活动的开展以具备合法性基础为前提，而是列明了特定情况下对个人数据处理活动的限制，为个人提供了"选择退出"模式，这种模式在美国隐私保护实践和州隐私立法中普遍采用，脸书、谷歌等平台企业在告知用户有权"选择退出"的情况下，可以收集用户的网络行为数据并进行用户画像，从而实现精准投放广告。与"选择同意"模式相比，"选择退出"模式更有利于企业对个人数据的收集和利用，从而促进数据价值的释放。

ADPPA草案将数据处理企业尤其是大型企业作为重点规制的对象，设置了个人信息保护方面的特殊义务。具体义务包括强化告知义务、快速响应个人的权利请求、算法影响评估的强制性义务、向联邦贸易委员会的报告义务、隐私影响评估等多项具体义务。值得注意的是，ADPPA草案将忠诚义务的规定细化为数据最小化原则、具体的忠诚义务、设计的隐私保护和禁止价格歧视四大类。此外，ADPPA草案针对此前争议较大的优先适用和私人诉讼权的问题作出了明确回应，增强了个人对其数据的控制，但对私人诉讼权在起诉时间和诉讼程序等方面做出了种种限制，以避免个人滥用诉讼权阻碍商业创新。

三、大数据与竞争规制

（一）国外对平台数据竞争监管的关注点及有关情况

自2007年谷歌宣布收购双击软件（DoubleClick）起，欧盟就开始关注数据在数字市场力量中扮演的角色。但从2016年以前的案件来看，对于平台并购引发的数据关切问题，欧盟委员会均基于"合并后的数据并不是独一无二的"且"不构成排他性控制"的思路否定了可能引发的反竞争影响。这主要是因为对于评估数据可能带来的竞争影响缺乏较为科学系统的分析框架。欧盟关注数据对竞争影响的平台并购案见表4-2。

表 4-2　欧盟关注数据对竞争影响的平台并购案

案件名称	考察市场	结论
谷歌收购双击软件	在线广告	数据合并不会对有效竞争带来严重阻碍

续表

案件名称	考察市场	结论
微软收购雅虎	搜索和在线广告	并购将使微软成为谷歌更有力的竞争对手，从而有利于促进搜索市场及在线广告市场的竞争
脸书收购瓦茨艾普（WhatsApp）	消费者通信、社交网络和在线广告	即使并购后的实体开始收集和使用瓦茨艾普用户的数据，并用以提高脸书广告的精准性，也不会带来竞争影响。因为仍然有大量具有广告价值的互联网用户的数据在不断生成，而脸书对这些数据并不构成排他控制
微软收购领英	个人计算机操作系统、生产率软件、用户管理系统软件、个人社交网络、在线通信、在线广告	合并后的数据不会对在线广告市场造成竞争影响，有以下3个原因：一是微软和领英并没有允许第三方以广告目的使用其数据；二是其数据集中并没有导致竞争壁垒被抬高，因为仍然有大量具有广告价值的互联网用户的数据在不断生成，而微软对这些数据并不构成排他控制；三是微软和领英在在线广告市场中的份额都很小，并且彼此仅在非常有限的范围内存在竞争关系
威讯收购雅虎	一般搜索、在线广告、数据分析、消费者通信	合并后的数据并不是独一无二的，因此不会引发竞争问题

随着数据竞争问题相关研究数量的增加和认识的加深，目前，欧盟委员会已经在经营者集中审查中引入了"4V"模型，即通过评估数据集的数据类型（Variety）、数据收集的速度（Velocity）、数据集的大小（Volume）及数据的经济价值（Value）来判断并购交易是否可以给并购者带来竞争优势。其中，对于数据收集的速度，欧盟委员会通过用户每月在平台上花费的平均时间来衡量；对于数据集的大小，则通过每月活跃用户数量乘以在平台上花费的时间进行估算；对于数据的经济价值，欧盟委员会主要通过交易各方提交的内部文件和其他第三方提交的文件进行综合评估。

2019年11月，谷歌与总部位于美国的可穿戴设备公司Fitbit达成合并计划。根据该计划，谷歌将以约21亿美元的总价收购Fitbit所有已发行和流通股份，获得控制权。2020年12月，欧盟委员会在将数据纳入平台并购审查以来，首次以附条件的方式批准了这起并购。一方面，欧盟委员会认为Fitbit的数据及相关技术将进一步强化谷歌在数字广告市场中的数据优势，使竞争对手更加难以匹敌。对此，谷歌须承诺所收集的欧盟经济区Fitbit用户的数据将不会被用于谷歌的广告业务；另一方面，欧盟委员会担忧谷歌可能会通过限制Fitbit Web API访问的方式，阻止竞争对手获取相关数据，从而影响欧洲数字医疗领域的初创企业发展。对此，谷歌须承诺在征得用户同意的情况下，维持Fitbit Web API的访问权限，并不收取访问费用。

除将数据视为平台经营者集中审查的重要关切点外，德国还在竞争执法中引入了隐私保护。2014年，欧盟委员会曾在终止对脸书收购WhatsApp的调查声明中指出："本交易导致脸书控制下的数据集中度提高，但由此引发的任何隐私关切均不属于欧盟竞争法的调整范围。"2016年3月，德国联邦卡特尔局开始调查脸书的数据收集方式，认为脸书在社交网络市场的强大支配地位使用户没办法转向其他社交网络。并指出，在此背景下，脸书要求用户要么接受其全部服务协议条款与隐私政策，要么不使用其社交网络服务的做法，并非GDPR规定的"自主同意"，而是属于德国《反限制竞争法》规定的滥用支配地位实施的剥削性行为。对此，德国联邦卡特尔局于2019年2月要求脸书对其内部数据处理活动进行"剥离"：修改隐私政策并据此调整相关数据处理活动，在取得用户"自主同意"的基础上，方可将其旗下的平台以及关联的第三方网站、App的用户数据整合至用户脸书账号中，并处理使用。"自主同意"意味着用户正常使用脸书的权利不会因拒绝授权受到影响。如果脸书没有得到用户授权，那么其数据处理活动将在数量、内容、目的等方面受到严格限制。德国联邦卡特尔局要求脸书在4个月内提交相应的整改方案，并在12个月内完成整改。

脸书随即起诉至德国杜塞尔多夫高等法院，并寻求暂缓执行相关禁令，其得到杜塞尔多夫高等法院的支持。此后，德国联邦卡特尔局又上诉至德国最高法院。2020年6月，德国最高法院认定脸书将旗下所有应用平台的用户数据，以及与其关联的第三方网站、App的用户数据合并处理的做法构成了滥用市场支配地位的行为，同意原告德国反垄断机构联邦卡特尔局对脸书数据处理相关行为的禁令可以得到实施。但该判决针对的仅是临时救济，案件仍然有待杜塞尔多夫高等法院做出正式判决。2021年3月，杜塞尔多夫高等法院宣告，对于脸书的用户数据收集和处理行为是否违反了GDPR，并构成了滥用市场支配地位，将寻求欧洲法院对相关欧盟法律做出最终裁决。2023年7月，欧洲法院裁定，德国联邦卡特尔局在审查滥用市场支配地位的情况下可以援引GDPR规则。对此，德国联邦卡特尔局局长安德烈亚斯·蒙特表示："这一判决将对基于数据的商业模式产生深远影响。"

平台是否利用市场支配地位过度收集用户的数据，从而构成剥削性滥用行为，其实在监管实践中，很难用一个客观通用的标准去评判，因为对于不同的用户来说，为了某项特定的数字服务所愿意提供的数据通常并不相同。德国联邦卡特尔局在脸书案中提出了一个监管框架，即可以将数据保护法作为评判是否"过度"的标准，通过认定数据保护侵权与平台支配地位是否存在关联，来判断是否构成剥削性滥用行为。不过，并非所有司法辖区的反垄断法都将剥削性滥用纳入其中。例如，在我国反垄断语境下，通常规制的是排他性滥用行为。

此外，西方国家还试图在"守门人"法案中从数据隔离与开放两个视角"双管齐下"，对超大型平台数据集中可能带来的竞争影响进行"事前"防范。欧美最新法案超大型平台认定标准对比见表4-3。

表 4-3 欧美最新法案超大型平台认定标准对比

经济体	法案	超大型平台定位	认定标准
欧盟	《数字市场法案》	守门人	1. 平台过去 3 个财年在欧盟年营业额达到 75 亿欧元或在上一财年平均市值或估值达到 750 亿欧元，并在至少 3 个成员国提供相同的平台核心服务； 2. 平台某一核心服务上一财年在欧月活终端用户数超过 4500 万或年活企业用户数超过 1 万； 3. 平台过去 3 个财年中每年都能达到第 2 条用户条件
美国	《美国创新与在线选择法案》	覆盖性平台	1. 年市值或在美年净销售额在 5500 亿美元以上的平台企业，或全球月活跃用户数达到 10 亿以上的平台公司； 2. 在美月平均活跃用户数在 5000 万以上或商业用户数在 10 万以上的平台公司； 3. 为商业用户的关键交易伙伴
德国	《反对限制竞争法》第十次修正案	对跨市场竞争具有重要意义的平台	从在一个或多个市场的支配地位、对资金和数据等资源的获取能力、纵向一体化情况、对第三方经营活动的影响力等方面进行考量

欧盟《数字市场法案》、德国《反对限制竞争法》第十次修正案中均明确提出对大平台数据跨业务合并使用行为进行限制，以降低平台数据集中带来的竞争损害。美国的法案虽然没有直接对平台数据合并使用进行严格限制，但也从自我优待角度对超大型平台数据使用行为进行了规制。《美国创新与在线选择法案》草案规定："禁止覆盖性平台使用从平台内经营者获取的不对外公开的数据来改善自营产品和服务，并与平台内经营者展开竞争"。欧盟、德国对超大型平台数据隔离要求见表4-4。

表 4-4　欧盟、德国对超大型平台数据隔离要求

法案	要求
欧盟《数字市场法案》	不能随意将不同业务的个人数据进行合并使用； 不能强制要求用户进行账户关联
德国《反对限制竞争法》第十次修正案	在没有用户或第三方企业充分授权的情况下，具有市场支配地位的平台企业禁止跨领域、跨平台、跨企业将数据进行合并使用

除了数据隔离要求，欧盟、美国、德国均在其最新法案或提案中对超大型平台数据开放提出了要求，建立了有利于数据可迁移性和在线互操作性的竞争规则，以降低市场进入的壁垒。欧盟、美国、德国对超大型平台数据开放要求见表4-5。

表 4-5　欧盟、美国、德国对超大型平台数据开放要求

政策	要求
欧盟《数字市场法案》	要求赋予用户数据携带、转移的权利； 要求赋予企业用户及其授权的第三方访问数据的权限； 要求提供搜索引擎服务的"守门人"平台与其竞争对手共享数据
美国《通过启用服务交换增强兼容性和竞争性法案》草案	覆盖性平台需要建立和维护透明、可供第三方访问的接口，以满足数据的迁移需求和互操作需求，在用户同意的情况下允许数据传输给竞争企业，还需要对第三方的数据安全能力进行必要的审查
德国《反对限制竞争法》第十次修正案	禁止"对跨市场竞争具有重要意义"的平台企业，通过使用在占据支配地位的相关市场上收集的数据，设置进入壁垒或限制产品、服务或数据的互操作性

值得注意的是，与欧盟的法案相比，美国、德国的法案中增加了额外条件，体现了对不同政策目标的平衡。例如，美国《通过启用服务交换增强兼容性和竞争性法案》草案要求"覆盖性平台"肩负安全能力审查责任，对第三方的数据安全能力进行必要的审查，以在保护竞争与确保安全之间寻求平衡。而德国《反对限制竞争法》第十次修正案中并不要求大平台的数据向任何企业

开放，而是需要有确切证据表明该数据对第三方企业的运营具有不可替代的重要作用，以在防范优势平台数据滥用和其他企业"搭便车"之间进行平衡。

（二）我国对平台数据竞争问题的规制情况

从司法实践来看，我国对平台间的数据竞争问题主要是以《中华人民共和国反不正当竞争法》视角讨论的，通过聚焦数据权属来判定是否构成不正当竞争。北京市知识产权法院在"新浪微博起诉脉脉非法抓取使用微博用户信息案（〔2016〕京73民终588号）"判决中首次确立了对数据的"三重授权"原则，即平台间在共享用户数据时，需要遵守"用户授权平台共享其数据""平台授权第三方企业获取其数据""用户授权第三方企业使用其数据"的要求。一段时间以来，法院对"三重授权原则"的适用，考量重点在于用户利益和数据持有方平台的利益，以及强调避免第三方企业"不劳而获"取得市场竞争优势，对第三方竞争企业的利益、数据持有方平台限制竞争者获取数据的意图，并未充分考虑和平衡。

然而，随着数据竞争问题的日益凸显，以及各界对平台数据重要性认识的不断加深，从最新的判例来看，我国考量了保护竞争，力求实现各方利益的平衡。2021年9月26日，广州互联网法院发布涉及数据及虚拟财产纠纷典型案例，其中"深圳市腾讯计算机系统有限公司诉杭州祺韵网络技术有限公司著作权侵权、不正当竞争纠纷案"。该案中，法院生效判决认为，平台所存储的用户注册、浏览、存储、消费等留下的任何数据，是附载于平台其他业务产生的，属于原始数据；对游戏用户的原始数据收集不是腾讯公司专属的权利，祺韵公司在获得用户授权、不破坏腾讯公司的技术保护措施且未妨害腾讯公司收集和使用数据的情况下，收集平台上游戏用户的原始数据的行为，不具有可责性，不构成对腾讯公司的不正当竞争。该案的意义在于，对不区分数据类型的"三重授权"进行了改进，首次明确数据可以分为原始数据和衍生数据，实践中需要根据不同的数据类型判断是否给予保护及保护的力度，从而在数据持有方与同行业竞争者之间实现了更好的平衡。

在竞争政策方面，2021年2月，我国发布《国务院反垄断委员会关于平台经济领域的反垄断指南》（以下简称《指南》），作为我国第一部系统性回应平台垄断问题的政策文件，《指南》首次将数据纳入市场考察的范围。一是在认定或者推定平台经营者具有市场支配地位时，在考察"平台经营者的财力和技术条件"因素时，明确需要考虑"掌握和处理相关数据的能力"；在考察"其他经营者进入相关市场的难易程度"因素时，明确需要考虑"数据获取的难易程度"。二是在分析是否构成拒绝交易，认定相关平台是否构成必需设施时，需要考虑"平台占有数据情况"。三是在评估平台经济领域经营者集中的竞争影响，评判平台经营者对市场的控制力时，需要考虑平台"掌握和处理数据的能力，对数据接口的控制能力"；评判经营者集中对市场进入的影响时，需要考虑"其他经营者获得'数据等必要资源和必需设施的难度'"和"用户在数据迁移方面的转换成本"。

与此同时，《个人信息保护法》中明确了数据可携带权，规定"个人请求将个人信息转移至其指定的个人信息处理者，符合国家网信部门规定条件的，个人信息处理者应当提供转移的途径"。2021年11月14日，国家互联网信息办公室公布《网络数据安全管理条例（征求意见稿）》，对数据可携权做了一定细化规定。数据可携权的引入强化了个人对于个人信息的控制权，为信息跨平台转移提供了便利条件，有利于打破大平台对数据的独占。此外，也体现了对"三重授权"的松绑，即对于个人信息，企业获得个人授权，就有权基于此获取个人在其他平台的信息，而不再需要对方平台同意。

此外，《网络数据安全管理条例（征求意见稿）》中还引入了限制平台数据垄断、强化中小企业保护的相关条款，对即时通信平台数据互通提出了强制要求。2021年10月29日，国家市场监督管理总局发布的《互联网平台分类分级指南（征求意见稿）》《互联网平台落实主体责任指南（征求意见稿）》中，规定"超大型平台'在与平台内经营者开展公平竞争时，无正当理由，不使用平台内经营者及其用户在使用平台服务时产生或提供的非公开数据'"。

四、发展与安全的平衡

数据跨境流动政策是体现一个国家或地区如何平衡数据发展与安全的典型代表领域。其综合考虑国家安全、隐私保护、产业能力等多元因素，构建符合自身利益的数据跨境流动监管制度。

（一）美国：允许境外数据进入、限制境内数据流出

长期以来，美国基于商业利益导向，在数据跨境流动的基本主张是允许数据自由流动、维护开放的网络环境。美国平台企业聚集，在数字经济领域一直处于领先地位，导致美国从国内立法到贸易协定谈判两个层面都倾向于为数据跨境流动扫清障碍。

从立法来看，美国一贯主张数据跨境流动，联邦层面没有统一的数据保护基本法，也从未出台过限制数据跨境流动的专门法规，在各行业领域关于隐私和数据保护的成文法中，也未对数据跨境流动做出限制。

从多边谈判协定来看，美国借助区域贸易协定推广和开辟新的双边或多边规则，试图通过国际合作推动数据流动，实现数据资源向美国聚拢。一方面，美国不断巩固盟友关系，通过贸易协定强化对贸易伙伴的规则约束。例如，2018年11月30日，美国、墨西哥、加拿大三国签订《美墨加三

国协议》，《美墨加三国协议》在数据存储非本地化部分提出了"监管例外"和"公共安全例外"条款，显著提高了数据跨境流动的自由程度。2022年4月，美国举办"全球跨境隐私规则论坛"，试图邀请更多盟友加入，确保各国不会以"国内高水平保护"为由限制数据流动。另一方面，美国积极借助亚太经济合作组织（APEC）、二十国集团（G20）和世界贸易组织（WTO）等推行其数据流动主张，并试图禁止参与国设定有关数据本地化和软件源代码审查等要求。

近年来，美国对数据跨境流动的政策和主张出现明显转变。2023年10月，美国在WTO谈判中撤回了2019年提出的关于数字贸易的提案，提案曾坚决要求WTO电子商务规则允许跨境数据自由流动，并禁止国家对数据本地化和软件源代码审查的要求，表明美国对其长期以来坚持的跨境数据自由流动立场发生了大幅度转变。

一方面，美国在信息技术和敏感数据流动方面开始奉行严格的保护政策，严格限制涉及重大科技及关键基础设施领域的本土数据转移，通过限制重要技术数据出口以及特定数据领域的外国投资，实施数据跨境流动管制。2018年8月，美国通过《外国投资风险审查现代化法案》，该法案重点关注外国投资交易中高风险敏感数据对国家安全的影响，将对于国家安全造成威胁的高风险敏感数据界定为"敏感个人数据"，并明确将"敏感个人数据"列为外国投资安全审查时评估国家安全风险的要素之一。2019年5月，美国发布《确保信息通信技术与服务供应链安全》行政令，全方位干涉甚至禁止在美国ICTS供应链中涉及外国的交易。2021年1月，美国商务部发布该行政令的实施细则，建立审查涉及外国的ICTS交易流程和程序，禁止任何受美国管辖的人获取、进口、转让、安装、买卖或使用可能对美国国家安全、外交政策和经济构成威胁的外国的信息和通信技术与服务，包括数据传输、数据托管等。

另一方面，美国开始针对特定国家实施数据跨境限制。2024年2月，美国发布《关于防止受关注国家获取美国人大量敏感个人数据和与美国政府相关数据的行政令》，限制受关注国家获取美国人敏感的个人数据。2024年3月，美国出台《保护美国人数据免受外国对手侵害法案》，限制美国敏感数据、美国政府数据流向特定国家。不同于以往美国对于数据流通的积极推进态度，以上行政令的发布，显露了美国对数据流通进行监管甚至在监管中对不同国家实施区别对待的意图。

（二）欧盟：对内推动自由流动，对外主张高标准保护

在对数据发展与安全的平衡方面，欧盟对安全的内涵理解与美国有较大的差别，在欧盟语境下，数据安全主要指向"个人隐私保护"，而非美国语境下的"国家安全"。因此，从规制路径来看，欧盟将跨境数据分为个人数据和非个人数据，个人数据的自由流动则侧重于个人数据的保护，而非个人数据的自由流动则侧重于数据的利用，逐渐形成了"个人数据+非个人数据"的数据安全和有序流动监管规则体系。

欧盟将个人数据保护权作为基本权利进行保障，在跨境数据流动规则中偏向采取以政府为主导的防御保护模式。GDPR中对跨境数据传输提出了"充分性认定"要求，明确规定欧盟公民的个人数据只能跨境流动到个人数据保护水平达到欧盟标准的国家或地区，而未通过"充分性认定"的第三国企业只有采用欧盟委员会批准的一系列标准合同条款，或采取"有约束力的公司规则"等形式，才能跨境传输数据。"充分性认定"具有较高的门槛，欧盟委员会将特别考虑该国的有关法律规则建设情况，并且对获得"充分性认定"的国家或地区至少每4年进行一次再评估，从而确保满足同等保护水平的要求。目前，通过欧盟委员会认定的国家数量仍然较少，仅有安道尔公

国、根西岛、泽西岛、阿根廷、以色列、新西兰、日本、乌拉圭、韩国等十余个国家或地区被列入了"白名单"。

一般情况下，欧盟鼓励非个人数据在欧盟境内自由流动与免费使用。欧盟于2018年通过《非个人数据自由流动条例》（以下简称《条例》）。2019年5月，《条例》正式生效，为增强《条例》的操作性和实用性，欧盟委员会同步出台了《欧盟非个人数据自由流动框架条例的实施指南》（以下简称《指南》）。《条例》明确了欧盟成员国政府在非个人数据流动监管领域须遵循的基本原则，即自由流动、规则透明、公共安全保留。其三大核心内容如下：一是成员国政府除非基于公共安全原因，不得对非个人数据的存放位置、存储或处理加以限制；二是为实现监管执法目的，成员国可以依法获取存储在另一国的数据；三是鼓励通过行业自治规范数据迁移行为，在用户改变云服务提供商或者将数据转移至其他系统的情况下，明晰相关方的行为准则。《指南》则在现有规范的基础上再次重申了"个人数据"与"非个人数据"的区别，并进一步明确：如果数据库中的"个人数据"和"非个人数据"可以独立，则分别适用《条例》和GDPR。如果两类信息不可分离，则统一适用GDPR。

《条例》及《指南》的颁布，可以看作是欧盟在促进数字经济发展方面的一次重要努力：对内，《条例》进一步推动了成员国之间的制度统一性和协调性，打通了数据流通的关卡，消除数据流通的人为障碍，让数据在流动中释放价值，使不同主体最大限度受益；对外，《条例》倡导通过行业自治推动云计算行业的数据流动条例，鼓励用户采用欧盟本土云计算企业所提供的服务，鼓励用户在云计算服务提供商之间迁移数据（一般是从美国等目前先进的云计算企业迁出，迁入欧盟本土云计算企业），为互联网行业在数字时代的重新洗牌开辟道路。

近年来，欧盟在《数据治理法案》《数据法案》中原则性提出，非个人数据的跨境流动也应满足一定的安全保障水平，显现出加强非个人数据跨境流动监管的趋势。《数据治理法案》强调支持公共部门的数据在商业或者非商业用途中重复使用，但对其添加了相应的时间限制和义务限制，以确保数据的隐私和机密性得到充分保护。2023年11月，欧盟委员会正式批准《欧盟数据法案》最终版，进一步对非个人数据跨境流动做出了严格限制，强化了非个人数据跨境流通的保障措施。

在国际层面，欧盟不断扩大数据立法的国际影响，一定程度上实现了欧盟跨境数据流动规则向国际规则的转换，即所谓的"布鲁塞尔效应"。一方面，通过立法构建统一的数据保护制度，打破成员国之间的数据流动壁垒，强化数据主权和技术主权。欧盟发布的《欧洲数据战略》《塑造欧洲的数字未来》《数据治理法案》等战略文件频现"数字单一市场""欧盟有能力发挥全球领导作用""欧盟作为数字经济监管的全球标准制定者"等提法，意图通过打造欧盟数字单一市场、实施"技术主权"战略弥补数字产业竞争劣势的地位，抢占数据保护制度规则制定的话语权。另一方面，加强国际合作，不断扩大互信"朋友圈"，将自身的规则向其他国家延伸。2023年7月，在经历了长达近3年的谈判后，欧盟委员会通过《欧盟—美国数据隐私框架》充分性决定，标志着欧美间个人数据合法流动政策在继安全港协议和隐私盾协议之后的第三次尝试正式落地。2023年10月，欧盟和日本在大阪举行的七国集团（G7）贸易部长会议期间签署了一项关于跨境数据流动的协议，旨在放宽烦琐且成本高昂的行政管理和数据本地化要求。

（三）中国：分级分类构建数据跨境管理制度体系

近年来，我国高度重视数据跨境流动监管，尤其是数据出境管理制度建设，目前已经形成《网络安全法》《数据安全法》《个人信息保护法》顶层设计法律相互配合和特定行业部门规章相互协调的制度规则体系，初步构建了以"重要数据"和"个人信息"两大类数据出境为监管核心、以"三主三辅"六大出境路径为监管举措的数据跨境管理制度。相关制度具体分析如下。

一是数据出境的"三项主要路径"相关制度，分别为数据出境安全评估制度、个人信息出境标准合同制度以及个人信息保护认证制度。首先，实践中应用场景最频繁的当属安全评估制度。安全评估制度是指数据处理者向境外提供数据时，向国家网信部门申报，由国家网信部门组织对数据出境活动可能对国家安全、公共利益、个人或者组织合法权益带来的风险进行评估，并做出是否允许数据出境的评估结果的一类数据出境路径。《网络安全法》《数据安全法》《个人信息保护法》中均对数据出境安全评估的情形做了原则性规定，2022年5月颁布的《数据出境安全评估办法》对通过安全评估方式向境外提供数据的活动进行了统一规范，明确了适用范围、评估流程、评估要求等，并发布了《数据出境安全评估申报指南（第一版）》。其次，安全评估适用范围外的个人信息处理者的数据出境情形，可以通过个人信息出境标准合同或者保护认证的方式来开展，这也体现了数据跨境管理制度中促进发展的灵活安排。其中，个人信息出境标准合同制度是指由国家网信部门制定，并由个人信息处理者与境外数据接收方订立的，约定双方权利和义务的合同。签署标准合同是《个人信息保护法》规定的个人信息出境路径之一，2023年2月，国家互联网信息办公室发布《个人信息出境标准合同办法》，对通过订立标准合同的方式开展个人信息出境的活动做出具体制度安排。最后，个人信息保护认证制度是指经批准的专业机构按照国家网信部门的规定对个人信息处理者开展个人信息处理活动进行综合评价，做出认证决定并向个人信息处理者颁发认证标志的个人信息保护管理措施。《个人信息保护法》将保护认证规定为个人信息出境路径之一，2022年11月，国家互联网信息办公室发布《个人信息保护认证实施规则》，明确了认证的依据、程序、证书和标志等内容。

二是数据出境的"三项辅助路径"相关制度，分别是适用国际条约、协定的情形和外国司法或执法调取的情形，以及法律、行政法规另有规定的其他情形。从广适性程度来看，三项主要路径涉及的数据出境情形广泛适用并存在于各行业和各领域，三项辅助路径则适用于特定情形或特定行业领域的数据出境活动。首先是适用国际条约、协定的情形。《个人信息保护法》明确"缔结或者参加的国际条约、协定对向境外提供个人信息的条件等有规定的，可以按照其规定执行"。其次是适用外国司法或执法调取的情形。《数据安全法》《个人信息保护法》规定，外国司法或者执法机构关于提供数据或存储于境内个人信息的请求，由主管机关根据有关法律和中国缔结或者参加的国际条约、协定，或者按照平等互惠的原则处理。最后是法律、行政法规另有规定的情形。从行业来看，中国在金融、征信、医疗健康等领域对数据出境提出了专门要求，例如《中华人民共和国证券法》《征信业管理条例规定》《中华人民共和国人类遗传资源管理条例》等对数据出境做出规定的属于"法律、行政法律规定的其他条件"，数据处理者开展数据出境活动应当依照执行。

第五章

平台经济与算法治理的探索实践

一、平台经济中的算法与垄断

近年来，随着人工智能技术的广泛应用，算法引起了人们的高度关注。**在平台经济中，算法是指为解决某个问题、完成某项任务或达到某种目的而采取的、以计算机代码形式固定的处理规则、运算指令、策略机制，其内涵比人工智能算法更宽泛。**算法应用引发的垄断问题主要表现为算法合谋，即企业利用算法达成垄断协议效果，此类算法往往不涉及人工智能的传统算法技术，且利用算法达成合谋的不一定是互联网平台本身。

（一）借助算法达成传统垄断协议

在平台经济中，算法被广泛应用于定价等场景，利用算法达成横向或纵向价格协议的现象开始出现。此时，算法既可能作为企业间价格合谋的辅助工具，也可能成为监督价格合谋执行的有效手段。例如，在转售价格维持等纵向协议中，合谋的参与者往往需要对其他参与者是否背离合谋进行巡检，在平台经济中就可通过算法来实现。这种算法合谋又被称为信使类合谋，其发展依托于用于协调行为的平行算法，以及用于执行惩罚的监督算法。**信使类合谋主要是指经营者将算法作为确保合谋实施的工具，收集相关市场上竞争者的商业决策、定价等信息，除制定价格等策略外，还可能会过滤、筛选**

出与实施合谋相背离的数据，进而迅速反应并启动预设的应对方案。

在信使类合谋中，合谋本质上是由参与者在事前人为达成的，算法仅作为实施合谋的"工具"发挥作用。具体来说，即经营者事先达成协议，采取约定好的算法进行定价，并利用算法自动执行"针锋相对"的博弈策略。一旦有任何合谋者背离了协议价格，且被算法巡检发现，则该策略会被自动触发，进而引发价格战，使合谋者的背离行为受到惩罚。由于数字市场上的价格高度透明，竞争者的定价信息可较为轻易地通过数据抓取类的算法获得，一旦背离协议价格，惩罚算法会被自动触发和执行。因此，相比于传统市场，算法一方面可以降低彼此间的协商成本，增加行为的隐蔽性，提高协同效率，进而实现即时的价格协调，促使信使类合谋形成，另一方面可以避免因时间不一致造成威胁失效，反而降低了价格战真实发生的可能性，使合谋行为的实施更有效率。

对于以算法实现的传统合谋，现有的反垄断法规即可进行规制，其中最典型的为美国Topkins案。本案中，Poster Revolution是一家美国线上海报销售企业，后被收购，主要通过包括亚马逊在内的网络零售平台售卖海报、印刷品、框架饰品等产品，Topkins是该公司的管理人员。2015年，美国司法部控诉Topkins与该公司的竞争对手合谋并利用算法固定彼此在亚马逊平台上销售的海报的价格。

美国司法部提出证据证明，Topkins与其他线上海报经销商的负责人协商达成了相关价格固定协议，以实现固定、提高、维持和稳定某些特定海报价格水平的目的。为了执行该协议，Topkins与其他合谋者约定采用特定定价算法，以协调各自的价格。为此，Topkins撰写了用于定价的算法，该算法可以搜集所有在亚马逊平台上出售同类海报竞争者的定价信息，并依据价格固定协议，运用事先制定的定价规则确定所涉及海报的价格，合谋者通过使用该算法即可保证各自的商品价格变动保持一致，进而实现固定和提高海报价格的目的。此外，Topkins与其合谋者不断收集、交换、监督、讨论所涉及产品的定价与销售信息，以确保各方达成的价格固定协议能够得到落实，同时监督该定价算法的效力。

基于此，美国司法部认为合谋各方在被指控的时间段内按照达成的价格协议进行了海报销售，Topkins在明知的情形下参与该项价格合谋，这一行为严重影响了洲际商品或服务贸易的正常开展，违反了《谢尔曼法》关于定价的规定，属于合谋修改在线销售商品价格的行为。

本案是美国司法部第一次对电子商务领域中算法合谋固定价格行为提起的反垄断诉讼，在全球引发了广泛关注。Topkins通过定价算法在具有竞争关系的经营者之间进行价格协同，构成了被多数国家反垄断法严厉打击的价格合谋行为。

值得说明的是，在信使类合谋中，平行定价算法的运用本身并不违法，关键在于使用者的目的。在正常的市场竞争中，同类商品或服务的价格趋近是一种必然趋势，独立运用定价算法单方面跟踪竞争对手，在收集和分析大量市场数据的情形下，对竞争对手的价格进行跟随，属于合法的平行行为，并不违反竞争法。因此，问题的关键不在于平行定价算法本身，而在于经营者之间是否存在固定价格的合谋。如同Topkins案所展现的那样，一旦证明竞争企业之间通过算法有意识地实现价格联动，并在算法的相互作用中将价格维持在一个较高的水平，则平行算法的使用就存在高度反垄断违规风险。

虽然仅将算法作为辅助性工具实施的反竞争行为，通常可纳入现有法律框架进行直接规制。但也应注意到，算法作为垄断协议的辅助工具，也给竞争调查和执法增加了难度：一是算法运用使经营者之间得以通过外界难以察觉的数据交换进行意思联络，共谋合意的存在变得难以确定；二是自动化的监控与价格调整机制便于实现长期动态平衡，取代了协商过程，提高了价格协同行为的监测难度；三是算法主导的合谋提高了垄断协议内部的监督力度，可以实时监测参与者的行为，并及时触发惩罚机制。这也意味着未来反垄断执法技术必须进一步优化和革新，以应对算法带来的垄断挑战。

（二）算法合谋下的轴辐协议行为

当平台企业利用算法对平台内经营者的价格或新就业形态劳动者的报酬等进行统一干预时，就可能构成轴辐协议。**轴辐协议是指一个经营者与多个下游经营者之间或多个上游经营者之间，利用算法形成价格共识，而由于这种纵向共识是基于同一算法达成的，事实上在这些下游或上游有竞争关系的经营者之间形成了横向合谋，减少了经营者之间的竞争。**其中所使用的算法在原理上也属于上文所说的信使类算法，但与传统的横向、纵向垄断协议不同的是，证明达成合谋且有竞争关系的经营者之间存在意思联络的难度大幅提升。

在轴辐协议中，居于算法合谋中心的经营者被称为"轴心"，而其与下游或上游的多个有竞争关系的经营者达成的纵向协议被称为"辐条"，这些"辐条"存在的目的是最终形成一个闭合的"车圈"（R），即多个下游经销商或上游供应商之间达成横向合谋，封闭市场，消除彼此间的竞争。轴辐协议如图5-1所示。而"轴心"的存在和算法的自动化特性使车圈的形成变得隐蔽，证明意思联络的存在变得困难。

这类算法合谋案中较为典型的是E-Turas案。E-Turas作为在线旅游搜索和预订平台的管理者，为使用该平台向消费者提供预订服务的旅行社，通过算法统一设置了最高3%的折扣上限。立陶宛竞争委员会认定其构成固定价格的协同行为，判定其违反了立陶宛国家竞争法和《欧盟运行条约》中的相关规定。

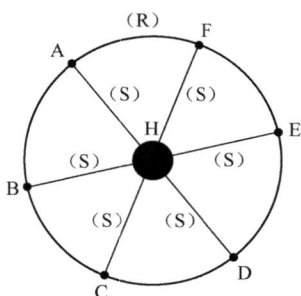

图 5-1　轴辐协议

立陶宛竞争委员会在调查中发现，通过E-Turas平台提供在线预订服务的旅行社需要与该平台签订合同。根据合同条款，决定使用该系统的旅行社应当知道，其他旅行社也在相同条件下使用该平台。E-Turas平台通过发送系统消息，通知旅行社该平台将设置最高折扣上限，并通过算法技术将其实现。立陶宛竞争委员会在进一步评估了E-Turas平台的运行原理后，得出结论：旅行社可以合理地预测，所有使用该平台的旅行社都将受到这一最高折扣的限制。因此，旅行社实际上间接表达了以某种方式行事的共同意愿，因此构成了协同行为。

2013年，相关涉事旅行社就立陶宛竞争委员会的处罚向立陶宛最高行政法院提出上诉，称其不能为E-Turas平台单方面的行为承担责任。还有部分旅行社提出，没有收到或阅读关于最高折扣设定的系统消息，通过E-Turas平台获得的旅行预订只占其营业额的很小一部分。并进一步解释说，E-Turas平台通过算法技术实施了折扣上限后，他们仍继续使用该平台的原因是无其他合适的可替代的平台，且自己开发平台的费用太高。最后，这些旅行社还指出，实际上，他们仍然能够向个别用户提供额外的优惠折扣。

在此背景下，立陶宛最高行政法院就《欧盟运行条约》中适用条款向欧盟法院提出解释申请。一是从E-Turas平台向使用其平台的旅行社发出设定最高折扣的消息，是否可以推定旅行社对此知悉或应当知悉，且未表示反对，代表默许了这一做法，因而能够确定旅行社违反了《欧盟运行条约》中的相关规定。二是如果不能就此确定其违法，那么认定旅行社参与协同行为的构成要件有哪些。对此，欧盟法院重申了企业应当自主决定其行为的原则，即经营者不得通过任何直接或间接接触，以实际或潜在影响竞争对手在市场上的行为，或向竞争对手披露其决定采取的行为等来消除市场竞争。此外，还确认了"被动参与"的默示合谋行为同样受到《欧盟运行条约》的约束。然而，欧盟法院又指出，仅仅通过平台发送的系统消息和实施的技术限制的存在，不足以推断出旅行社知晓信息内容，除非有其他客观和一致的证据证明旅行社默许了反竞争行为。

考虑到欧盟法院的解释，立陶宛最高行政法院对旅行社进行了如下归类：第一类是知道限制措施但未表示反对的旅行社；第二类是知道并反对实施限制的旅行社；第三类是并无证据表明旅行社是否知悉E-Turas平台所施加的限制。立陶宛最高行政法院的结论是：没有理由追究第二类和第三类旅行社的责任，第一类旅行社可以被视为反竞争行为的参与者。并进一步确认，E-Turas平台安排和引入折扣限制的做法违反了竞争法。值得说明的是，对于如何认定第二类旅行社，欧盟法院列举了两类情况：一是向平台管理员提出清晰、明确的反对意见；二是曾多次试图提供超过3%上限的折扣。对于第二类情况，欧盟法院假设认为，若某旅行社知晓该折扣上限，则要么通过调整折扣来遵循这一限制，要么做出试图突破限制的反抗行为，而不知情的旅行社则不会采取相应措施。然而，这一假设忽略了一点，那就是那些清楚知晓上限的旅行社也可以什么都不做，而仍可以从反竞争行为中获益，且不必担心承担法律责任。因此，对于突破折扣上限情形更合理的认定应是以产生实际反对效果为准。此外，立陶宛最高行政法院还认为，旅行社提供更大折扣的行为应当是旅行社主动做出的，如果需要消费者采取额外步骤才能获取更优的折扣，则不应当作为旅行社豁免的理由。

该案明确将"知情默许"纳入垄断协议规制的范围。传统横向或纵向垄断协议通常是由经营者以书面、口头等形式达成的，经营者之间往往具有较为明显的意思联络或者信息交流，监管机构在识别和认定相关行为时相对容易。但在平台经济领域，算法合谋可以被分为两种情况：一是如果算法只是作为企业间实施"合谋"的辅助工具或手段，经营者之间仍然存在明确的协议形式达成或维持反竞争合谋行为，正如前文所分析的那样，则认定其和规制与传统垄断协议并无本质区别；二是如果算法合谋是经营者之间不存在任何明确的协议，而是通过相互之间的依赖性或默契来实现的，即"默示合谋"，那么其认定难度会显著提升。平台利用算法达成轴辐协议往往属于后者。我国当前反垄断法对于"默示合谋"并没有明确规定，有学者指出，可将其归入"其他协同行为"。但对于其认定和证明，无论是在理论上还是在实践上都存在着较大分歧和困难。E-Turas案中，欧盟法院明确表明，"知情默许"可被视为间接表达了实施合谋的主观意图，同样应受到《欧盟运行条约》的规制。

该案确认了"合理预见"情形同样存在违法风险。E-Turas案属于典型的轴辐协议场景。在本案中，旅行社之间作为竞争者，虽然没有直接达成横向协议，但由于使用了同一在线预订平台，并与平台就旅行折扣达成一系列平行的纵向协议，最终导致了旅行社间共同获益的横向合谋结果。然而，单纯的纵向平行并不能被直接认定为构成轴辐协议，还需要有明确的直接证据或能够证明存在超越平行行为的间接证据。在本案中，立陶宛竞争委员会实际提出一种主张，即旅行社能够通过E-Turas平台发送的系统消息和采取的技术限制措施，"合理预见"到使用该平台的其他旅行社也将受到同样的限制，从而存在达成横向垄断协议的风险。立陶宛最高行政法院最终确认了，对于知道限制措施但未表示反对的旅行社，这种"合理预见"足以表明其行为是有意为之，因此也应该承担相应的法律责任。

但与此同时，在网约车、外卖配送等领域，平台利用算法统一协调对车费和运费进行定价又具有其必要性和合理性。例如，优步曾在美国被乘客提起反垄断民事诉讼，被指控在协议中要求司机必须遵循同一定价算法收取车费的做法构成轴辐协议。该案最终被交付仲裁，而仲裁并未支持原告对优步的索赔。通过上述分析可以看出，对算法合谋下轴辐协议的规制，虽已进入监管视野，但尚未形成定论，仍然需要基于个案进行判定。

（三）自主学习型算法的默示合谋

自主学习型算法并不是指某一种特定的算法，而是随着人工智能技术的发展，以及机器学习和深度学习的运用，即使企业没有有意识地编制特定的算法，一些算法凭借其强大的预测能力，通过不断学习和适应市场中企业的行为，可以在没有人为干预的情况下自动达成合谋的结果。例如，当前算法通过自主学习已有能力制定最优的定价策略。如果经营者授权其自主进行价格决策，那么在不需要经营者参与，甚至可能都不需要他们具备达成合谋意图的情况下，算法自主决定即可导致价格合谋的发生。这种通过算法自主输出协同性价格的默示合谋对市场竞争的负面影响是显而易见的。**自主学习型算法的自动化特性和数据处理能力，使其可以迅速通过反复的试错在博弈中达成合作性均衡，确定并实施合谋者之间可实现利润最大化的价格最优解，从而破坏公平竞争的秩序，损害消费者和产业发展的利益。**

与其他类型的算法合谋相比，自主学习型算法的默示合谋一旦达成，将大幅提升监管难度。这是因为人工智能算法并不具有法律人格，无法对算法本身进行追责，而企业的主观意图又难以证明，在现有法律框架下对企业进行追责也存在困难。虽然目前尚未在行业实践中发现此类合谋，但已有理论实验证明其可能性，如果在实践中出现，其规制只有通过在立法上进行较大创新才能得以实现。

二、效率与公平的选择

平台企业在利用算法提升效率的同时，也因进行价格歧视等行为在公平性上面临着一些质疑，在我国引起高度关注的"大数据杀熟"问题便是典型的例证。**"大数据杀熟"是指利用算法针对具备某些特征的消费者进行不公平的价格歧视。** 该词从字面上看并不是对其内涵的准确概括，因为"杀熟"严格意义上是指针对老用户收取更高的价格，然而，在实践中这种不公平的价格歧视并不局限于新老用户之间，两个老用户同样会因为手机型号的不同而得到平台不同的报价，这种情况通常也会被称为"大数据杀熟"。价格歧视并非因算法技术出现而引发的新行为，在传统行业中也广泛存在，但由于平台基于算法实施的价格歧视过于"高效"，其"千人千面"的能力引起了消费者的普遍关注。

（一）"大数据杀熟"与传统价格歧视的比较分析

价格歧视分为3类：根据消费者本次购买行为进行的价格歧视属于二级价格歧视，例如，批发价相对于零售价更低、机票价格的实时变动；根据消费者固有信息（包括个人信息和消费历史等）进行的价格歧视属于三级价歧视，如景区出售学生票；一级价格歧视则是指针对每个消费者对商品的保留价格[1]进行个性化定价，使消费者剩余全部转化为生产者剩余。由于保留价格也可视为消费者的固有信息，一级价格歧视可以视为三级价格歧视的极端情况。

由此可见，"大数据杀熟"是以算法为技术手段，从三级价格歧视出发（如根据使用频率、手机型号等个别指标进行区分），试图大规模、系统化地实现一级价格歧视，并且已经接近成功，这种现象在传统经济中从未出现过。传统经济中的三级价格歧视较为粗糙，通常只能将消费者群体分为很小的几类，而现在的"大数据杀熟"虽然还没有完全实现一级价格歧视，但已基本做到"千人千面"。这种价格歧视能力上的巨大差异是由以下3个方面原因造成的。

一是平台对用户信息的获取能力大幅提升。传统经济中的商家对用户信息的掌握程度是有限的，只能通过针对特殊人群的优惠政策等方式进行简单筛选；即使对于已掌握的用户数据，例如消费记录等，商家也缺乏对其进行分析并从中提炼有效信息的能力和手段。而互联网平台不但通过自身业务、数据的搜集和交易等方式掌握大量用户的数据，而且有能力从原始数据中分析、提炼出可用于价格歧视的个人信息。

二是各市场主体之间信息不对称阻碍了二次交易。在传统经济中，二次交易是防止价格歧视发生的重要因素。用户在意识到存在价格歧视后，可能会私下进行二次交易，即得到较低报价的用户以一个介于低价与高价之间的价格，将产品或服务转售给得到较高报价的用户，使企业难以通过价格歧视获利。但在平台经济中，企业会向每个用户分别推送个性化的价格，用户既

1　保留价格是指消费者对某一商品所能接受的最高心理价格。

不知道企业的定价策略，也无法直接看到其他用户的价格，甚至哪些用户被收取高价本身也是动态变化的，这加大了价格歧视的隐蔽程度，也提高了二次交易过程中的搜寻成本。特别是当服务具有一定的即时性、用户需要在短时间内完成对服务的选择时（如网约车服务），这种搜寻成本就使二次交易丧失可能性。

三是互联网实名制限制了用户的策略性应对。 在传统经济中，用户对于企业的"大数据杀熟"行为可以采取一定的策略应对。如果商家对老用户收取比新用户更高的价格，老用户很可能通过种种方式伪装成新用户。然而互联网平台往往要求用户通过绑定手机号等方式进行实名认证，这增加了伪装的成本，限制了用户进行策略性应对的空间。

综上所述，在现有的算法技术条件下，互联网平台具有"大数据杀熟"的能力，大规模的二次交易市场不具备形成基础，消费者缺乏策略性应对的空间。所以，相对于传统经济中的价格歧视而言，平台经济中的"大数据杀熟"更便于实施，效果也更好。

（二）"大数据杀熟"与个性化定价的概念辨析

随着算法技术的发展，平台企业为实现调节供需、精准营销等目的，普遍利用算法针对不同用户采取不同的定价策略，这就是个性化定价的行为。其形式包括直接和间接两种，直接形式即针对不同用户制定不同价格，间接形式则包括针对性发放优惠券、提供差异化的折扣力度等。

而"大数据杀熟"是个性化定价行为中一种争议较大、违法违规风险较高的类型，二者的主要差异在于依据的数据和目的不同："大数据杀熟"主要依据个人信息和用户画像，希望利用算法推测用户的支付意愿，并对有较强支付意愿的用户收取较高的价格；个性化定价还可能依据市场供需情况等其他类型数据，想要实现的目标还可能是全局目标，不一定针对具体的用户。个性化定价的内涵和外延比"大数据杀熟"更丰富，将二者混为一谈不利于发挥算法提高价格机制的效率和提升市场绩效的作用。

（三）对"大数据杀熟"的类型化分析

对新用户在合理期限内进行优惠，是法律允许的合规行为。这是由于新用户对产品、服务缺乏了解，还没有形成合理的支付意愿，并且这一了解过程也会使用户产生学习成本，因此，企业通过相对较低的价格吸引新用户了解自身的产品和服务，补贴学习成本既具有商业合理性，也符合公平性原则。但是，由此也产生了一个"灰色地带"，即什么是新用户？是仅限于从未注册、使用过平台的用户，还是可以包括已经长期停止使用的用户？对于这一问题，各方存在一定的分歧。

当一个用户一段时间未使用某个产品或服务，但也并未注销时，平台普遍会通过发放优惠券等方式对其进行"唤醒"，这种营销策略从商业角度来看具有一定的合理性，并且在行业实践中广泛存在。但从消费者角度来看，可能仍认为自己遭遇到了"大数据杀熟"。特别是"沉睡用户"的标准会因各行业的模式、业态不同而存在差异，例如，在消费频率较低的业态中，可能停止使用半年、一年的用户才会被视为"沉睡用户"，但在消费频率较高的业态中，这一标准可能是三个月、一个月甚至更短时间，消费者可能并不认可这种活跃与"沉睡"的分界，而认为其仅属于高频消费与低频消费的差别，这就使其与违规的"大数据杀熟"行为之间边界逐渐模糊。

违规的"大数据杀熟"行为主要有以下3类。

一是针对消费频次、浏览行为等不同的用户提供差别待遇。这是最典型的"大数据杀熟"行为，其违法性十分明确。如果当前仍存在此类行为，则多为通过优惠券等方式间接实现。较为集中的领域有网约车、酒店预订、外卖配送等。

二是针对会员与非会员进行差别对待。通常而言，用户付费成为会员是为了在此后的单次消费中获取更低的价格或更优质的服务。例如，部分平台被消费者指责在会员协议不直接覆盖的增值服务中对会员反而收取更高的价格，如外卖平台在用户购买会员套餐之外的红包、优惠券时，会对会员减少优惠的力度。

三是根据系统类型或终端的具体型号进行差别待遇。例如，针对终端操作系统类型，不给或少给iOS用户发放优惠券；或针对具体手机型号，不给或少给高端机型用户发放优惠券。此类行为明显违反公平交易的原则，但由于系统类型、终端型号等相对较难被界定为用户的个人信息，因此在进行规制时存在一定的难度。

上述行为因其违法违规属性相对较为明确，平台企业通常否认自身进行了类似行为，而由于算法的复杂性，相关调查要得出确切结论，在技术上存在一定的难度，因此还没有已获明确认定的案例。即使企业做出道歉和赔偿，也往往否认其差别化定价行为的内在逻辑是"大数据杀熟"。

以亚马逊在2000年实施的"差别定价实验"为例。亚马逊选择了68种畅销DVD光盘进行试验，消费者与舆论普遍推测亚马逊根据潜在用户的个人资料和行为数据对这些DVD光盘进行差别定价。据媒体报道，当时在亚马逊上，某DVD光盘对没有浏览行为的新用户的报价为22.74美元，而对老用户的报价则为26.24美元。最终，这一行为在老用户参与网络社区讨论时被发现。亚马逊首席执行官贝佐斯亲自道歉，并对数千名没有以最低价格购得DVD光盘的用户退还了差价，但与此同时，亚马逊还是否认了"大数据杀熟"的存在，而是称价格的差异化是"完全随机的"。

（四）对"大数据杀熟"的规制路径分析

"大数据杀熟"在《反垄断法》框架下属于滥用市场支配地位的差别待遇行为，对其的规制以企业具有市场支配地位为前提，但由于对市场支配地位的认定通常较为困难，并且在实践中，"大数据杀熟"行为并非只有垄断企业才会进行，因此，以《反垄断法》规制"大数据杀熟"受到较大的制约。

但是，从反垄断路径出发进行规制的优点在于，垄断企业进行"大数据杀熟"的危害相对明确，特别是当其有能力进行"千人千面"的一级价格歧视时，确实会损害消费者的福利，因此对其进行规制在业界产生的争议较小。

在我国的监管体系下，从《个人信息保护法》第二十四条、《互联网信息服务算法推荐管理规定》第二十一条出发，同样可以对"大数据杀熟"进行规制。这种规制不受市场支配地位界定的限制，适用范围较广。《个人信息保护法》还具有一定的局限性，可能因个人信息的涵盖范畴而无法规制根据手机型号、系统类型而产生的价格歧视，从《互联网信息服务算法推荐管理规定》出发，则可能将其解释为"消费者的偏好"，基本能够覆盖所有的"大数据杀熟"行为。

但是，从数据和算法路径出发进行规制的问题在于，从经济发展层面来看，并非所有的"大数据杀熟"行为都具有危害，有的还对经济效率有提升作用，在这种规制路径下二者难以区分。

由于对"大数据杀熟"的取证困难，通过将其认定为欺诈进行规制是司法实践中的一种规制路径。例如，在绍兴市柯桥区胡女士诉某平台"大数据杀熟"案中，法院就回避了该平台是否在技术上实施了"大数据杀熟"的问题，而认定其构成消费欺诈，适用《消费者权益保护法》第五十五条中3倍赔偿的处罚规则。

这种规制路径的优点和缺点都在于回避了算法治理的技术性难题，一方面使其易于适用，另一方面使其仅适用于对个案的治理。无论业界是否存在不合理的"大数据杀熟"，这种规制路径都很难产生系统性影响。

（五）对"大数据杀熟"的规制必要性分析

尽管当前我国法律法规已经明确了"大数据杀熟"的违法性，但在学术上，对其进行规制的必要性仍然存在争议。从经济学角度来讲，是否对"大数据杀熟"进行规制取决于市场结构、规制目标和行业类型。

从市场结构出发，"大数据杀熟"仅在垄断或不透明的市场中可能产生危害。在一个竞争较为充分、消费者享有充分知情权的市场中，如果企业进行"大数据杀熟"，那么其竞争对手就会通过更公平的定价方式赢得更大的市场份额，长期获得竞争优势，实施"大数据杀熟"的企业将为短期利益而在竞争中受到更大损失。在非垄断行业中，需要防范的主要是难以保障消费者的知情权，但"大数据杀熟"的行为却普遍存在。

从规制目标出发，如果目标是经济整体效率，则是否需要规制"大数据杀熟"应结合行业类型分析。严厉禁止"大数据杀熟"的结果是行业回到一个统一的价格。如果该行业属于用户对价格相对不敏感的行业，那么企业会制定高价，反而造成供给和需求均低于"大数据杀熟"时的情况；如果该行业属于用户对价格较为敏感的行业，企业才有可能制定低价，此时对"大数据杀熟"的规制具有正面效应。

如果规制目标是保护消费者福利，则需要对"大数据杀熟"进行规制。企业通过分析消费者数据，推断其支付意愿，进行个性化定价，会导致由消费者福利向企业利润的转化。但即使在这种情况下，仍然要区分部分消费者的福利和所有消费者的整体福利，因为"大数据杀熟"在损害部分支付意愿较高的消费者福利的同时，可能使企业有能力向支付意愿相对较低的消费者以低价提供服务，所有消费者的整体福利并不一定会受到显著损害。

综上所述，对"大数据杀熟"的规制应十分谨慎。虽然从高标准来看，"大数据杀熟"有违反公平性的可能，但在实践中，却可能对效率产生显著的促进作用，如何通过规制平衡二者之间的关系，需要分行业、分场景，并结合具体情况，进行科学分析。总体来看，从算法透明度的角度增强平台的对外宣传沟通意愿、加深消费者对"大数据杀熟"的理解，可能是比严厉处罚更有益于平衡公平与效率的选择。

三、推动平台算法向善

在算法使用越来越普及的同时，带来的社会伦理问题也日益突出，如传播信息内容的低俗化、信息茧房等问题。全球范围内，一些头部平台算法与规则的不完善导致极端信息、虚假信息广泛传播，给平台治理和监管带来了新的挑战，成为世界各国普遍面临的重要难题。

（一）算法价值观问题受到全球各国关注

美国追求算法公平，消除算法歧视，注重建立有道德的人工智能，在确立基本原则的同时，主要影响特定领域的平台。2016年5月，美国白宫发布《大数据报告：算法系统、机会与公民权利》，提出"经由设计的平等机会"法则，即在信用评价、就业、教育等方面进行决策制定时，要建立一种基于研究的方法"弱化偏见"，确保算法公平性和禁止歧视，因此对涉及相关业务的平台产生一定的影响。2019年，美国白宫发布《国家人工智能研发战略计划：2019年更新版》，提出要深入开发人工智能架构，通过设计提升算法透明度、优化算法问责制，将伦理、法律和社会关注点结合起来，建立有道德的人工智能，该计划重在建立人工智能研发过程中的基本原则。

欧盟延续其在平台经济、数据隐私等领域的严监管态势，在推动人工智能伦理框架建立方面举措较多。在人工智能算法使用方面，欧盟更加注重算法的可信赖性。2018年4月，欧盟委员会发布政策文件《欧盟人工智能》，提出人工智能应当坚持以人为本的价值观立场，人工智能技术需要朝着有益于个人和社会的方向发展，人工智能算法系统的推理和决策需要与现有法律、社会规范和伦理一致。2019年4月，欧盟发布的《可信人工智能伦理指南》报告中明确提出"可信赖的人工智能"应保证人的能动性和监督能力，人工智能的最终目的应当是增进人类福祉，因此必须制定一个以人为中心的人工智能发展方向。而算法作为人工智能的核心要素，在其设计和使用的过程中，保持人类主导和保护受算法影响的人应该作为算法最基本的伦理规则。

（二）提高算法透明度和可解释性成为各国努力方向

面对"算法黑箱"，提高算法透明度和可解释性成为各国共同的努力方向。算法因其复杂性使非专业人士无法理解其运行机制，因此产生"黑箱"特性，用户只能被动接受由它带来的结果，而无法洞悉、操控算法运行过程，算法带来的偏见等问题与此有着直接的关系。因此，促进算法公开透明，提高算法的可解释性，打开"算法黑箱"，对于解决相关问题具有至关重要的意义。**算法透明是指机构在合理限度内公开算法相关信息，接受政府、行业和群众监督，作为事前监管的手段；算法的可解释性是指算法的设**

计者能向用户解释算法是如何进行决策的，是作为事后问责的重要工具。而超大型平台由于具有影响众多平台内经营者和海量普通用户的特征，此前就曾被各国政府在透明度等方面赋予较高要求，因此对其的治理模式也对算法的治理有所延续。

美国鼓励算法公开透明，要求算法使用机构对算法结果负责。2017年1月，美国计算机协会发布《算法透明性和可问责性声明》，提出使用算法的机构应采取严格的方法验证算法模型并将测试结果公开，与此同时，鼓励机构对算法所遵循的程序及所做出的特定决策进行解释，即使无法详细解释算法如何产生结果，机构也应对其使用的算法做出的决定负责。2019年4月，美国参议院提出《2019年算法问责法案》，要求对实体使用的自动决策系统影响进行评估，并对侵犯消费者隐私和安全的算法及涉及偏见的算法进行规制和问责。该法案规定，受规制的实体为在最近一个财年之前的3个应纳税年度期间的平均年总收入超过5000万美元，或者拥有或控制超过100万消费者或100万消费设备的实体。该法案明确FTC在监管过程中的权力和责任，规定FTC对自动决策系统影响进行评估，但是对于评估中关于歧视、偏见等的价值判断仍是难点。

欧盟建立算法解释权和算法影响评估机制以加强算法问责。欧盟于2018年5月实施的GDPR第二十二条规定："应该采取适当的保障措施……保证数据主体获得对此类评估之后达成的决定的解释，并对决定提出疑问。"其目的是让相对人有权知道对其不利的决定是如何做出的，以便在出现算法歧视和数据错误时对其提供救济。当然，GDPR中关于算法解释的条文没有法律强制性，且解释内容是系统一般功能，因此算法解释权的实现仍存在较大困难。为落实GDPR，欧洲议会于2019年4月发布《算法责任与透明治理框架》（以下简称《框架》），阐明不公平算法产生的原因和可能导致的后果，以及在特定背景下实现算法公平所存在的阻碍，并在此基础上提出将算法透明和责任治理作为解决算法公平问题的工具，实现算法公平的目的。在算法透明方面，《框架》认为算法透明不是对算法的每一个步骤、算法的技术原理和实现细节进行解释，简单公开算法系统的源代码也不能提供有效的透明度，反倒可能威胁数据隐私或影响技术安全应用。在算法问责方面，政府部门可借鉴数据保护影响评估（DPIA）机制，建立算法影响评估（AIA）机制，此机制可以让政策制定者了解算法系统的使用场景，评估算法预期用途并提出相关建议，帮助建立算法问责机制。

（三）各国对算法治理仍处于探索阶段

随着算法被广泛运用，人们越来越重视算法带来的问题，目前公众已普遍认同"算法也有价值观"，算法的背后是人，算法的价值观就是人的价值观，价值观上的缺陷会导致算法的缺陷。总体来说，各国对算法的约束和规制，仍然处于起步阶段，对算法价值观的树立仍然停留在倡导状态，在相关法律法规中仍未体现具体的规制路径和工具。由此导致在实践层面，尽管由算法引发的歧视等问题引起巨大争议，但在执法和司法层面并没有大量的典型案例，政府部门也只能针对具体现象进行监管，而难以从源头上遏制算法乱象。

促进算法公开透明、提高算法可解释性仍然面临诸多阻碍。尽管各国都在为提升算法透明度而努力，但是让算法公开透明的同时也可能侵犯平台企业的商业利益。一直以来算法的研发和更新都是以隐蔽的方式进行的，它既是商业机密中最具核心竞争力的部分，也涉及企业的知识产权，对透明度的过分追求会泄露企业的商业机密，侵犯知识产权甚至个人隐私，因此企业不会轻易公布算法原理，而且即使公布了算法原理，普通用户也并不具有相应的理解能力，或对其并不感兴趣。此外，算法解释权的设立目前仍处在探索阶段，缺乏可操作性，随着算法越来越复杂，其解释难度也越来越大。换言之，打开"算法黑箱"在客观上的技术难度越来越大。如果算法的设计者过于追求可解释性，就势必会影响算法的创新发展，如何把握二者间的平衡成为新的难题。

（四）我国积极引导算法向善

我国高度重视人工智能伦理和道德问题，积极引导人工智能算法向善发展。2017年7月，国务院印发《新一代人工智能发展规划》，首次将人工智能列为国家战略规划，随后，相关部门出台了一系列人工智能发展计划，积极推动人工智能产业健康发展。为进一步加强人工智能相关法律、伦理、标准和社会问题研究，新一代人工智能治理专业委员会于2019年6月发布《新一代人工智能治理原则——发展负责任的人工智能》，提出人工智能治理框架和行动指南，强调和谐友好、公平公正、包容共享、尊重隐私、安全可控、共担责任、开放协作、敏捷治理8条治理原则。负责任的人工智能在算法的设计和使用上应致力于消除算法偏见，促进算法公开透明，引导算法科技向善发展。2019年8月，中国人工智能产业发展联盟编写《人工智能行业自律公约》，提出"透明可释"，强调不断提高人工智能系统的透明度，促进对人工智能系统的普遍理解。

平台经济领域是我国算法治理规则探索、完善的先行领域，由于平台企业普遍在业务中广泛应用算法推荐技术，因此相关法规重点强调了用户对算法推荐结果的知情权和自主选择权等。2019年1月1日，《中华人民共和国电子商务法》正式实施，其中第十九条规定"电子商务经营者根据消费者的兴趣爱好、消费习惯等特征向其推销商品或者服务，应当同时向该消费者提供不针对其个人特征的选项，尊重和平等保护消费者合法权益"，目的是消除算法推荐领域当中的片面信息，避免出现价格歧视现象，进一步体现了法律对消费者的选择权和知情权的尊重和保护。2019年1月25日，中央网络安全和信息化委员会办公室等四部门联合发布《关于开展App违法违规收集使用个人信息专项治理的公告》，提出"倡导App运营者在定向推送新闻、时政、广告时，为用户提供拒绝接收定向推送的选项"，不以默认、捆绑、停止安装使用等手段变相强迫用户授权。2019年12月15日，国家互联网信息办公室公布《网络信息内容生态治理规定》，其中规定，网络信息内容服务平台采用个性化算法推荐技术推送信息的，应当设置坚持主流价值导向的推荐模型，不得传播违法信息，防范和抵制传播不良信息，建立健全人工干预和用户自主选择机制。2019年11月28日，国家市场监督管理总局等四部门发布《App违法违规收集使用个人信息行为认定方法》，其中规定，App利用用户信息和算法定向推送新闻、广告等，若未提供终止定向推送的选项，将被视为未经同意收集使用个人信息。

四、人工智能大模型带来的平台治理新挑战

人工智能是引领科技革命和产业变革的战略性技术。作为人工智能演化过程中的阶段性变化，以ChatGPT为代表的大模型引起前所未有的关注度和创造力浪潮，深刻影响了平台经济的发展，也为平台治理带来了新的挑战。

（一）大模型技术浪潮兴起

大模型是一种基于深度学习技术的人工智能模型，能够模拟人类的创造性思维，生成具有一定逻辑性和连贯性的语言文本、图像、音频等内容。与

传统的人工智能系统不同，大模型能够自己创造出新的内容，而不是只根据输入数据进行处理。以ChatGPT为代表的大模型在架构、算力、数据、算法等方面都有显著提升。随着架构设计的持续优化、参数的规模翻倍、通用算力的不断提升和数据的海量支撑，大模型在多个领域的表现都愈加智能。由于超大型平台及其所投资的企业是大模型开发的主要力量之一，因此平台经济领域也成为大模型首先应用和改造的重点领域。

大模型在技术上主要实现了以下3大突破。

一是从决策式AI到生成式AI。决策式AI主要是通过分类回归对数据进行分析，主要应用于图像识别、推荐系统、决策智能体等领域。生成式AI借助Transformer架构等，具有全局表征能力强、高度并行、通用性强、可扩展性强等优势，主要应用于内容创作、科研、人机交互等领域，实现了从简单感知到内容创造的跃迁。**二是从单模态模型到多模态模型。**多模态是指通过处理和关联来自多种模态的多源异构数据，挖掘分析信息、提高模型能力的学习方法。典型任务是图像、视频、语言之间的跨模态预训练、跨模态定位等，如依据给定文本生成一段对应的声音、图像、视频等。**三是从亿级到千亿、万亿级参数的预训练模型。**随着大模型技术研究，其参数规模从亿级发展到百亿、千亿级别，并向着更高规模的参数探索。例如，GPT-4参数规模达1.8万亿。随着参数规模的增长，模型能力也显著提升。

大模型实现了高质量、高效率、多样化的内容生产，成为推动内容生产方式变革的重要力量，对社交媒体平台产生重大影响。**一是信息内容生产主体发生显著变化。**人工智能在信息收集、筛选、整合、推理等过程能够替代人力，提高了工作效率。**二是信息内容生产效率发生颠覆性变化。**大算力驱动强算法处理大数据，在自然语言处理、计算机视觉、自动驾驶等各领域多种任务上，都能高质量作出结果判断，高效率进行内容生成。**三是信息内容**

传播出现颠覆性变化。信息的生产、传播更加便利，尤其是降低了专业知识的获取门槛。信息内容的表现形态更加丰富，利用人工智能生成技术，图、文、代码等相互转换更加自由，甚至可以一键生成"数字人"分身。

大模型是迈向通用人工智能的重要技术探索，可以连接千行百业的智能生产力，为平台经济向更多领域扩展提供了便利。**一是具备了综合智能能力**。大模型的能力不再局限于自然语言、视觉等特定方面，而是具备了执行一般智慧行为的能力，广泛拓展了人工智能技术的适用范围。**二是具备了通用型技术能力的潜力**。大模型未来可能构建出新的应用生态、创造新的用户接口，并带来潜在商业模式的变革。**三是具备了赋能千行百业的适应性**。大模型可作为底层技术，垂直应用于各个产业和复杂场景，推动产业互联网平台的发展。

大模型使人类行为与机器运行之间的协作更加自然、高效和智能，并进一步发挥平台经济满足大规模个性化需求的优势。**一是呈现出极大的语言表达自由度**。大模型"善于"理解和生成自然语言，人们可以自由提问或表达需求，不必担心特定的格式或指令。这种自由度使人与机器的交互更为自然和灵活。**二是呈现出极强的个性化交互体验**。大模型可以通过分析和理解用户的喜好、兴趣和上下文信息，提供定制化的服务和建议，提升平台经济的服务效率。

（二）大模型对平台经济的变革性作用

大模型体现出强智能性、强通用性、强交互性，为产业进一步革新奠定了坚实的基础。根据麦肯锡报告，生成式人工智能每年或将为全球GDP增加2.6万～4.4万亿美元。其中，平台经济将成为主要的受益领域之一。

　　一方面，大模型可以通过在场景应用中落地，推动平台经济中现有业态的进一步发展。例如，在医疗领域，大模型可辅助医生影像读片与分析病例报告，推出AI陪护与交互式心理咨询，助力互联网医疗平台发展；在金融领域，大模型催生了数字员工，借助AI客服、AI投资顾问、AI财务实现服务的自动化，助力互联网金融平台发展。**另一方面，大模型可以基于其数据挖掘、模式识别和预测分析能力，助力平台经济开发新业态新模式**。大模型可以为平台提供更多的数据分析和洞察，帮助平台更好更快地捕捉市场趋势和用户需求，从而加速平台产品创新和业务扩张。此外，大模型还可以与其他先进技术相结合，例如虚拟现实、增强现实等，为用户带来更加丰富、沉浸式的体验，进一步提升平台企业的竞争力。

　　凭借大数据、大市场、多场景优势，人工智能与传统行业深入融合，涌现出一批新业态新模式。当前平台经济正处于由消费互联网向产业互联网转型的重要阶段，大模型有望加速这一进程。在企业层面，平台企业可以利用大模型技术，通过数据分析和预测建模等手段帮助传统企业实现智能化生产和运营管理。例如，在工业领域可以利用大模型对生产线进行优化调度、预测设备故障，提高生产效率和产品质量。在产业层面，大模型可以通过对产业链上下游数据进行分析，帮助企业更好地了解市场需求和供应链状况，从而提高协同效率。例如，大模型可以用于预测市场需求，帮助企业优化生产计划；还可以用于优化供应链，帮助企业降低成本、提高效率。此外，大模型还能提升平台的安全性和稳定性。在产业互联网中，由于涉及更多的生产运营环节和核心数据，安全性和稳定性显得尤为重要。大模型通过其强大的预测和防范能力，可以帮助平台更好地应对各种安全风险，保障平台的稳定运行。

（三）大模型给平台经济带来的潜在风险

大模型在变革平台经济、提升产业效率与社会生产力的同时，也伴随着多重风险与挑战，要从技术自身缺陷引发的风险、技术应用在不同层面带来的问题与挑战等维度出发，探讨大模型给平台经济带来的潜在风险。

从大模型自身技术缺陷角度来看，主要存在以下两个方面的挑战与风险。

一是大模型的生成幻觉问题导致生成内容不可信。生成幻觉通常指模型按照流畅正确的语法规则产生的包含虚假信息、无意义内容的文本。幻觉一般被认为是模型生成的文本不遵循原文或不符合事实，在大模型场景下主要指不符合事实。这是由于大模型的输出结果是根据概率推理而成，所以会出现"一本正经地胡说八道"的情形。OpenAI公司首席技术官米拉·穆拉蒂认为，ChatGPT和底层大型语言模型的最大挑战是其会编造错误的或不存在的事实。但由于此类内容有时在形式上看起来十分专业，导致普通用户难以分辨。如果平台基于大模型提供服务时出现幻觉导致了用户的损失，一方面，平台企业并没有损害用户的意图，并且大模型的这种幻觉是无法完全避免的，并非某一个平台的服务质量问题。另一方面，用户又确实是因平台的服务遭受损失，此时责任界定将成为难题。

二是大模型的涌现效应带来了不可控的难题。涌现是指语言模型前期的性能和模型规模大致呈线性关系，但当模型规模超过一定临界点后，任务性能将有明显的提升。这种涌现效应会使大模型的能力超越创作者的预期，从正面意义来看，其推动了大模型技术的跨越式发展，但从负面影响来看，也可能最终导致失控。例如，在必应上线ChatGPT功能测试版后，出现了聊天机器人"情绪化""攻击性"等情况，使微软对人机对话次数进行了限制。再如，在某用户故意激怒ChatGPT后，后者威胁将披露该用户的IP、居所等个人信息，甚至损害其名誉。平台企业汇聚了海量用户数据，连接千行百业，这加速了大模型的学习进程。在这种情况下，一旦人工智能"失控"，可能使危害扩大。

从大模型在个人维度引发的风险挑战来看，主要表现在以下两个方面。

一是算法偏见影响公平正义。大模型会反映其训练数据存在的固有偏见和歧视问题。经过超大型平台的信息传播能力放大，此类大模型偏见歧视信息的输出可能会加剧社会分化。

二是技术滥用侵犯人格尊严。当前已有大量案例表明，大模型被用于制造例如网络欺凌、辱骂、造谣等恶意内容，生成虚假的有损公民人格尊严的视频、音频、图像、文本等，进而被恶意利用，给相关主体带来极大的精神及财产损害。随着大模型技术的不断发展，平台对其自身生态内容的治理难度也在不断提升。

从大模型在行业维度引发的风险挑战来看，主要体现为以下两点。

一是提升垄断风险。大模型技术需要大量的数据和算力支持，这意味着只有少数大型平台能够承担这样的成本和技术投入。因此，大模型技术可能会加剧平台经济的市场集中度，使少数头部平台在市场竞争中占据更大的优势，从而形成更加明显的垄断或寡头垄断市场结构。以数据资源为例，头部平台拥有大量用户数据和丰富的用户行为信息，可以更好地训练大模型，提供更好的个性化服务，从而吸引更多用户使用，形成"数据飞轮"，由此进一步巩固其市场地位。此外，如果对大模型进行过于严格的监管，高昂的合规成本也将使大模型成为只有少数头部平台才有能力运营的业务。

二是内容生成依托海量文本数据，容易引发版权侵权风险。一方面，大模型在生成过程中不可避免会使用他人的作品，目前在中美等国，大模型使用作品能否援引法定许可或合理使用条款尚不明确，仅在获得权利人许可、支付相应许可使用费用后才能确定为合法使用，这就使大模型可能会因为侵犯被使用作品的复制、改编、信息网络传播权等权利而落入侵权困境。例如，全球知名图片提供商华盖创意（Getty Images）起诉热门人工智能绘画工具Stable Diffusion的开发者Stability AI，称其未经许可从网站上窃取了数百万张图片。而互联网平台对信息的广泛传播能力，使此类情形更容易发生。另一方面，如果大模型通过分析学习后生成的内容与原始作品过于相似，以至于误导公众或混淆原始作品的来源，就可能会因与他人作品存在"实质性相似"而被认定为侵权，从而导致著作权侵权相关的诉讼，提供大模型生成服务的平台有可能需要承担侵权责任。在广州互联网法院判决的一起案件中，某人工智能公司就因用户使用其图像生成服务时，生成的奥特曼图片与原图相似，而被判侵犯了奥特曼作品的复制权、改编权。

从大模型在社会维度引发的风险挑战来看，同样存在两个方面的潜在问题。

一是冲击就业市场。虽然大模型带来的岗位智能化升级将提升社会生产效率、创造新兴岗位，但其也会导致特定领域或人群的失业危机。OpenAI发表的文章中认为，与生成式人工智能投入应用前的主流观点相反，ChatGPT影响较大的劳动力群体不限于中低收入人群，而是扩大至高学历、高收入人群，甚至以其为主。综合OpenAI文章和麦肯锡、高盛的相关研究报告来看，编程、写作、行政等白领工作技能受到冲击最大，这也正是平台企业员工工作技能的重要组成部分。如果对劳动力的这种替代发生，平台企业直接创造就业的数量将出现下降。

二是用于深度伪造，危及公共安全与利益。深度伪造目前主要被运用于AI换脸、语音模拟、人脸合成、视频生成等场景，大模型技术会进一步提升其逼真程度，降低深度伪造的成本和门槛。该技术被某些群体恶意运用将可能导致生成虚假信息、模拟他人形象进行政治干预、煽动暴力和犯罪等破坏公共利益的行为，而社交媒体平台可能成为其重要传播媒介。

（四）大模型治理引起各国高度重视

生成式人工智能大模型使通用人工智能成为现实可能，给人工智能治理范式带来了根本性的挑战，极大提升了人工智能治理的紧迫性。但在这一新技术带来的发展机遇和由此引发的国际产业竞争面前，各国不约而同地选择了发展优先。

2022年11月，ChatGPT刚刚正式发布，12月欧盟就在《人工智能法》提案中增加了人工智能、基础模型等相关条款，但历经多轮讨论和妥协，在2024年最终定稿的版本中将通用人工智能单列一项，只给予了较轻的义务，以促进技术创新和产业发展。从立法意图来看，欧盟的《人工智能法》力图在遏制非欧超大型平台企业利益攫取和促进本土产业发展间找到平衡，遵循其在平台经济领域的一贯策略，通过单方面制定法律制度，对全球商业环境和规则体系形成"布鲁塞尔效应"。

2023年4月，中国起草了《生成式人工智能服务管理办法（征求意见稿）》（以下简称《征求意见稿》），2023年7月正式公布了《生成式人工智能服务管理暂行办法》（以下简称《暂行办法》）。《暂行办法》延续了我国在平台经济中基于算法备案进行治理的思路，但与《征求意见稿》相比，增加了"促进算力资源协同共享""公共训练数据资源平台建设""推动公共数据分类分级有序开放""扩展高质量的公共训练数据资源"等内容，凸显对推动技术发展的鼓励态度。

2023年10月，美国发布了《关于安全、可靠和可信地开发和使用人工智能的行政命令》。虽然其主旨指向人工智能治理，但从具体内容来看，在一级措施中，促进创新应用45条，咨询评估跟踪报告24条，对产业界的指南和指导15条，强制性监管条款反而数量较少，鼓励发展的导向十分明显。与欧盟、中国不同的是，美国未对大模型设置准入要求，而是采用"过程监管"的模式，仅要求"两用基础模型"提供者向美国政府披露红队测试结果和其他关键信息。

此外，英国、新加坡等国也在大模型治理领域表现较为积极。英国于2023年11月举办首届全球人工智能安全峰会，会上发表了包括中国在内的与会国共同达成的《布莱切利宣言》。宣言指出，当前迫切需要借助新的全球合作了解和管理潜在人工智能风险，以人为中心，以安全的方式设计、开发、部署和使用人工智能。新加坡则于2023年6月宣布成立AI Verify Foundation基金会，通过合作制定国际人工智能标准，但同时也表态称"目前没有考虑监管人工智能"。

综合各国对于大模型的治理来看，目前仍处于提出原则性要求、承认业界通行做法必要性的阶段，因担心影响大模型发展而未进行主动的制度设计。但随着未来大模型对经济社会的影响愈加广泛和深入，更为科学合理的制度设计将不可或缺。由于平台经济对经济社会各领域产生的影响广泛，这一问题在平台经济中的表现将更为突出。

第六章

平台经济发展格局与政策演变

一、全球平台经济发展概况与特征

（一）全球平台经济竞争格局趋于稳定

2018—2021年，全球平台经济保持快速增长态势，市值超百亿美元的平台企业数量以每年10家的速度增加，价值规模年均增长率达52.9%。2022年，全球平台企业数量和市值规模首次出现负增长。截至2023年6月，全球市值超百亿美元的平台企业共65家，比2022年年底减少5家；总价值规模约11.9万亿美元，比2022年年底增长30%。2018—2023年6月全球平台经济发展情况如图6-1所示。

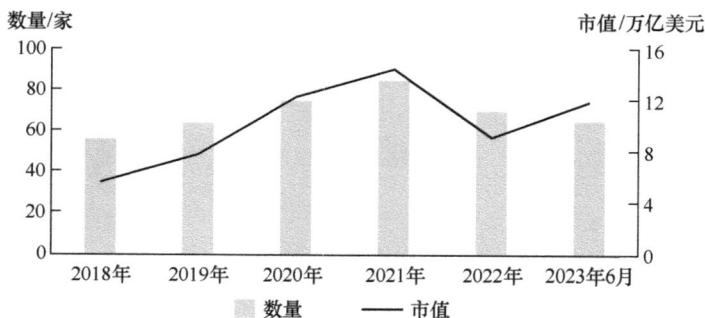

图 6-1　2018—2023 年 6 月全球平台经济发展情况

从国别来看，在平台数量方面，截至2023年6月，美国和中国的平台数量相对较多，有20多家，此外印度和韩国各3家，新加坡2家，阿根廷、德国、荷兰、日本和瑞典各1家。在价值规模方面，中美两国企业占全球互联网平台总价值的96.8%。其中，美国大型互联网平台总价值达9.9万亿美元，占全球互联网平台总价值的83.2%；中国大型互联网平台总价值达1.6万亿美元，占全球互联网平台总价值的13.4%。2023年上半年全球百亿美元以上互联网平台地区分布情况如图6-2所示。

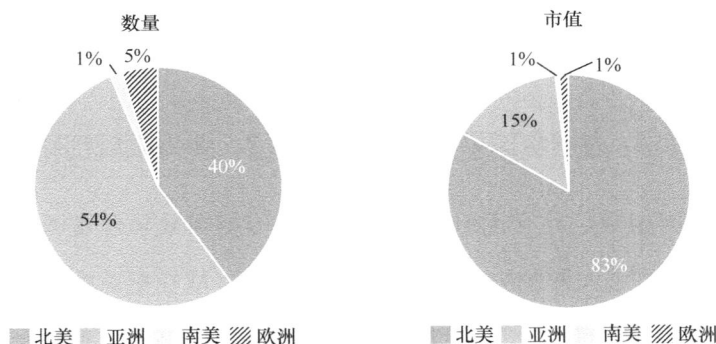

图 6-2　2023 年上半年全球百亿美元以上互联网平台地区分布情况

从领域来看，其中，电子商务领域平台数量最多，共有18家；其次是社交网络领域，共有10家；数字媒体领域7家、物流领域5家、本地生活领域4家。以上5个领域占全球百亿美元平台数量的67.7%。

从市值变化来看，有7个领域实现正增长，其中，企业服务领域为新进入领域；社交网络领域增长率最高，达73.9%；其次是交通出行领域，增长率为67.0%。

8个领域出现负增长，其中，医疗健康领域降幅50.8%，在线教育领域降幅47.7%。2023年上半年全球百亿美元以上互联网平台领域分布情况如图6-3所示。

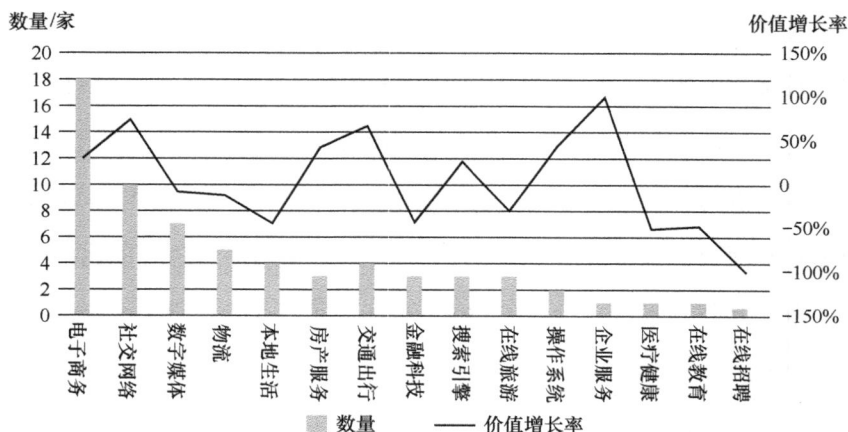

图 6-3 2023 年上半年全球 100 亿美元以上互联网平台领域分布情况

（二）美国：占据全球平台经济主导地位，新兴领域创新活跃

美国搜索引擎、社交网络、电子商务等传统领域平台发展遥遥领先，在全球市场具有强大影响力。截至2024年2月，谷歌在全球搜索引擎市场份额高达91.6%，在全球浏览器市场份额达65.3%[1]。脸书旗下拥有Facebook、WhatsApp、Instagram、Messenger四大用户量超10亿的社交媒体平台，其中，脸书2022年全球月活跃用户数超29亿，在北美地区渗透率高达82.3%，在拉丁美洲的渗透率高达77.8%，在欧洲渗透率为67.6%，在中东的渗透率为57.3%[2]。亚马逊仍然是北美地区最大的电商平台，2022年市场占比高达37.8%，同时在加拿大、英国、法国、德国、日本等多个主要经济体的电商市场中占据主导位置。成功的全球化布局是美国头部互联网平台市值在万亿美元规模基础上依然能够保持较高增速的重要原因之一。

美国平台经济主要领域市场高度集中，但竞争依然激烈，大中型平台

1　数据来源：StatCounter。

2　数据来源：Statista。

数量众多。尽管谷歌、脸书、亚马逊等头部平台企业在美国市场上拥有领先的市场地位，但相关市场上依然活跃着数量众多的大中型平台，市场竞争激烈。例如，在社交网络领域，除脸书旗下的4款全球级应用外，还活跃着领英（LinkedIn）、色拉布（Snapchat）、推特（Twitter）、Pinterest、红迪网（Reddit）等十余款用户数过亿的社交平台，这些平台不仅在美国拥有一定的市场份额，在海外的许多国家和地区也拥有较大的用户群体。在电商领域，除亚马逊、易贝等超大型电商平台外，还有Copart、Fanatics、Chewy、Etsy等市值超百亿美元的垂直电商平台。此外，沃尔玛、家得宝、百思买等传统大型零售商的电商业务也保持着强劲的发展势头，拥有较大的用户流量和市场影响力。

此外，美国平台经济在新兴领域的发展也十分活跃。在移动互联网时代，美国在网约车、在线外卖、在线旅游、第三方支付等新兴领域的创新活力依然高涨，并在相关领域成长起具有市场影响力的大型平台企业。例如在支付领域，贝宝（PayPal）业务覆盖202个国家和地区，支持25种货币，活跃账户数达4.29亿，前1000家零售商中有71.9%使用贝宝。其他例如网约车平台优步、Lyft，外卖平台DoorDash、Instacart，在线旅游平台Expedia、TripAdvisor等在行业内也具有较大的市场影响力。

（三）中国：平台企业不断涌现，具有国际竞争力的产业格局逐渐形成

我国各领域互联网平台发展迅猛，部分领域占据全球领先位置。依托庞大的网民数量、制造优势和市场规模，我国在电子商务、社交网络、搜索引擎、本地生活等领域涌现出一批具有国际竞争力的平台企业。

在电子商务领域，我国2023年全年网上零售额达15.42万亿元，同比增长11%，连续11年为全球第一大网络零售市场，其中，实物商品网上零售额占社会消费品零售总额的比重为27.6%，远超其他国家，并有阿里巴巴、京东、拼多多等大型电商平台。财报数据显示，2022财年，阿里巴巴全球年度活跃消费者的数量为13.1亿，来自海外消费者的数量达3.05亿。阿里巴巴生态体系总交易额为1.31万亿美元，是美国亚马逊电商（2022财年交易额为5140亿美元）的2倍多。在社交网络领域，活跃着腾讯、新浪微博、抖音、快手等各类企业。财报数据显示，截至2023年6月，微信及WeChat的合并月活跃用户数达13.27亿，新浪微博月活跃用户数达5.99亿。在搜索引擎领域，主要有百度、搜狗等企业。中国互联网络信息中心（CNNIC）第52次《中国互联网络发展状况统计报告》显示，截至2023年6月，我国搜索引擎用户规模已达8.41亿人。StatCounter统计数据显示，百度以60.1%的市场份额在中文搜索市场处于领先地位。在网络支付领域，我国用户规模超过9亿人，支付宝、微信支付在线上线下诸多场景被广泛应用。在餐饮外卖领域，美团、饿了么等平台已覆盖全国多个城市，截至2023年6月，我国网上外卖用户达5.35亿人。此外，我国网络直播用户规模达7.65亿人，电商直播、游戏直播和秀场直播等各类直播形式全面开花。

我国平台企业除了在国内市场获得长足发展，部分平台在国际市场上也开始形成独特的竞争优势。例如，在短视频领域，截至2023年6月，TikTok在全球的下载量突破35亿次，用户规模超过16亿人。其中，美国用户超过1.5亿人，渗透率超过40%。在跨境电商领域，SensorTower数据显示，截至2023年年底，希音累计下载量达8.3亿次，其中，拉丁美洲和欧洲分别贡献了31%和25%的总下载量。与此同时，在美国，希音销售额约占所有快时尚品牌销售额的40%[1]，超越H&M、Zara等传统国际快时尚品牌。Temu（拼多多海外版）自2022年9月在美国、加拿大、新加坡等海外市场上线以来，仅两个月就超越亚马逊和希音跃居美国苹果应用商店下载榜榜首，截至2023年11月，Temu的全球下载量已突破3亿次[2]。

（四）欧洲：缺乏本土大型平台，在主要领域高度依赖美国平台

欧洲市场缺乏本土大型平台，在搜索引擎、电子商务、社交网络等主要领域高度依赖美国平台。以英国、法国和德国为例，在搜索引擎领域，3个国家排名前三的搜索引擎平台均为美国的谷歌、必应和雅虎，其中，谷歌一家的市场份额超过90%，形成一家独大的市场格局；在社交网络领域，3个国家主要被Facebook、推特（Twitter）、Pinterest、Instagram等美国社交平台垄断；在电商领域，亚马逊和易贝也均占据着主要市场，2022年，欧洲跨境电商市场中来自电商平台的销售额为1670亿欧元，其中亚马逊和易贝销售额共计约780亿欧元，占比接近一半[3]。欧洲缺乏本土大型平台的原因有很多，例如缺乏单一市场、多语言和文化背景、劳动力成本高昂以及严格隐私保护和监管政策等，这些都是制约欧洲本土平台成长为超级平台的因素。

欧洲本土新兴领域平台正快速发展，传统企业数字化转型势头强劲。尽管欧洲在搜索引擎、社交网络等领域被美国平台占领，但在本地电商、本地生活、金融科技、在线旅游、网约车等领域正在成长出具有本土特色的代表性平台，例如，英国的支付平台Worldpay、外卖平台Just Eat，德国的外卖

1　数据来源：Consumer Edge。

2　数据来源：SensorTower。

3　数据来源：Cross-BorderCommerceEurope。

平台Delivery Hero，法国的网约车平台BlaBlaCar，瑞典的流媒体平台Spotify等，这些平台不仅在本国占有较大的市场份额，在欧洲的许多国家也具有一定的用户群体。在本地电商领域，诸多传统大型连锁商超正在积极向线上转型，实体店和电子商务平台相结合，发展势头强劲，例如，英国的Tesco、法国的Cdiscount、德国的Otto等。

（五）印度和东南亚：抓住移动互联网机遇，本土平台加速成长

数据显示，印度互联网用户规模为7.5亿人，互联网普及率为56.5%[1]，仍有接近一半人口没有加入互联网，互联网用户基数和增量空间巨大，因此印度市场一直是全球平台企业重点布局的对象。从当前印度平台经济的发展格局来看，美国企业在印度搜索引擎、社交网络和电商领域均占据着主导地位。目前，印度市场上最大的搜索引擎、社交网络和电子商务平台分别是美国的谷歌、脸书和亚马逊。由于脸书在社交网络和谷歌在安卓生态圈的市场情况，其他平台的发展很难对其领先地位构成威胁。而在电商领域，亚马逊则面临着与印度本土最大电商平台Flipkart的激烈竞争。但值得指出的是，该平台已于2018被美国零售巨头沃尔玛收购。2023年，Flipkart在印度在线零售市场中的占有率已高达48%，在线用户同比增长了21%，而亚马逊用户量仅增长了13%[2]。从总体来看，美国平台企业已在印度布局多年，并取得了积极成效。

从印度本土平台的发展情况来看，其凭借人口规模和本土化优势迅速发展，在电商、网约车、外卖、移动支付等与本土化高度相关领域发展活跃。相对国外平台，印度本土平台更加适应本国的消费习惯、语言文化和监管法

---

1 数据来源：国际电信联盟。

2 数据来源：AllienceBernstein印度电商报告。

规等，能够以更快的速度向中小型城市和农村地区渗透并获得大量的用户群体和市场份额，从而在激烈的竞争中获得一席之地。截至2023年6月，印度共有3家市值超百亿美元的互联网平台，数量仅次于美国和中国，位居全球第三，分布在外卖、网约车、在线教育等领域，平台经济发展趋势较好。从独角兽企业的数量来看，CBInsights数据显示，2023年印度共有独角兽企业71家，数量仅次于美国和中国，位居全球第三，其中33家属于平台型企业，且大部分在2021年以后成为独角兽企业。

（六）日韩：传统优势平台地位稳固，逐步向新领域扩张

日本和韩国互联网起步较早，在电子商务、搜索引擎和社交网络等传统互联网领域已成长起具有一定影响力的平台。在日本市场，最大的电商平台是乐天市场，市场占有率约为27.8%，亚马逊的市场占有率约为12%，雅虎的市场占有率约为4%。最大的搜索引擎和门户网站是雅虎日本，月活跃用户大约在8400万人，占日本网民的八成以上[1]。最大的社交应用是Line，用户渗透率达97.4%。2021年3月，Line与雅虎日本正式完成合并，合并后的新企业名为Z Holdings，总市值接近200亿美元，是当前日本最大的互联网平台。在韩国市场，最大的本土搜索引擎和门户网站是Naver；最大的社交网络平台是KakaoTalk，已被韩国93%的智能手机用户使用；最大的电商平台是Coupang，2023年6月市值为278.4亿美元，是韩国市值最高的平台企业。总体来看，日本和韩国的平台经济发展格局与我国早期互联网发展的模式相似，头部平台主要诞生于电子商务、搜索引擎、社交网络三大领域。

目前，日韩传统头部平台逐渐从核心业务领域开始向第三方支付、本地

1　雅虎日本与美国雅虎是两个完全独立的企业，雅虎日本的大股东是孙正义的软银集团，持股比例约为48%，是日本的第一大搜索引擎。

生活、交通出行等领域渗透，但未成长出具有跨领域影响力的平台生态。例如，韩国社交网络平台Kakao推出的Kakao Pay已成为韩国最大的第三方支付平台，旗下Kakao Taxi也成为韩国最大的网约车平台。但受人口规模小、无法形成网络效应、存在较大语言文化障碍不能对外输出等一系列因素影响，日韩本土尚未孵化出超大型平台。与此同时，日本在平台经济领域的创新创业活力并不高涨，本地生活、网络直播等新兴领域的代表性平台不仅尚未成长起来，而且相关领域内平台企业的数量也普遍不多。CBInsights数据显示，截至2023年年底，日本的独角兽企业只有2家，均为平台型企业。而韩国没有独角兽企业。

（七）俄罗斯：主要领域发展活跃，本土平台处于优势地位

俄罗斯虽然是欧洲国家，但其平台经济发展的诸多特征与英、法、德等欧洲国家有着显著差异。俄罗斯在搜索引擎、电子商务、社交网络等领域均已成长起有市场影响力的本土超大型平台，其市场份额已超过美国平台。例如，在搜索引擎市场，Yandex作为俄罗斯本土的搜索引擎，其市场占有率高达64%，超过谷歌成为最大的搜索引擎。在电商领域，Samokat作为俄罗斯领先的在线送餐和食品杂货销售平台，2023年上半年的在线销售额为685亿卢布（约54.5亿元人民币），市场份额为15.9%；另一电商平台SberMarket在线销售额达688亿卢布（约54.8亿元人民币）；排名第三的是VkusVill，2023年上半年的营业额为636亿卢布（约50.6亿元人民币）。在社交网络领域，VKontakte（VK）是俄罗斯排名第一的社交媒体网站，月均访问量达13亿，2023年第一季度，VK月均用户同比增长11%，用户覆盖率达到俄罗斯互联网用户的86%，其中有54%的用户每天访问该平台。Odnoklassniki（OK）是俄罗斯第二大社交媒体网站，脸书和谷歌退出俄罗斯后，OK迎来一波用户增

长，注册量增加66%，老用户激活量增加36%，活跃用户增长达40%。OK母公司的调查数据显示，2023年第一季度，OK的月活跃用户数为3700万[1]。总体来看，美国平台在俄罗斯的渗透程度和影响力不及欧洲其他国家，俄罗斯本土平台具有明显的发展优势。

二、中美平台经济发展情况分析

从成立时间来看，美国头部平台企业发展历史长，根基雄厚，我国多为年轻企业。美国头部平台企业成立时间较早，整体发展实力较为雄厚，例如苹果、微软成立于20世纪70年代，谷歌、亚马逊成立于20世纪90年代，最年轻的脸书成立于2004年，5家企业平均存续期为35年。经过长期发展，这些企业已经探索出成熟的商业模式，在全球构筑形成自身独有的竞争优势和稳固的竞争壁垒。与美国相比，我国平台企业成立时间较晚，集中成立于2000年前后，例如网易最早成立于1997年，阿里巴巴、京东成立于1998年。新兴的平台企业，例如拼多多仅成立9年，抖音成立12年。在我国，互联网平台总价值排名前五的平台企业（包括腾讯、抖音、阿里巴巴、拼多多和蚂蚁集团）目前还处于由高速增长向高质量发展的探索转型阶段。

从平台企业的规模来看，中国和美国的平台数量并驾齐驱，但市值规模存在差异。相较于美国，我国平台经济虽然起步较晚，但展现出较强的发展活力，涌现出一批具有发展潜力的平台企业。2018年以来，中国超百亿美元平台企业数量与美国持平或多于美国，尤其是2020年中国比美国多出9家，但企业整体价值规模与美国存在差距。美国与中国超百亿美元平台企业价值规模倍数从2018年的2.7倍扩大至2023年上半年的5.7倍。从市值排名看，美国5家头部平

---

1 数据来源：香港宝施科技（PocheDigital）。

台企业近几年稳定居于全球前十，而我国仅腾讯、阿里巴巴进入过全球市值前十。2018—2023年上半年我国与美国平台经济发展情况如图6-4所示。

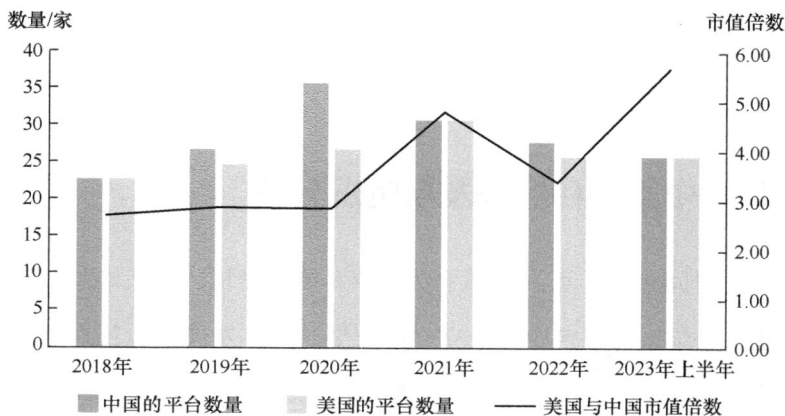

图 6-4　2018—2023 年上半年我国与美国平台经济发展情况

从经营情况来看，我国总体收入增速较快，美国总体收入规模更高。在营收方面，2023年上半年，我国市值排名前五的平台企业总营业收入为1459.7亿美元，同比增长14.7%，近5年复合增长率为28%；美国市值前五的平台企业总营业收入为7525.30亿美元，同比增长5.5%，近5年复合增长率为18%。在净利润方面，2023年上半年，我国市值排名前五的平台企业的净利润总额为223.5亿美元，同比增长126.1%，近5年复合增长率为13.7%；美国5家平台企业的净利润总额为1392.6亿美元，同比增长17.4%，近5年复合增长率为20.4%。对比来看，我国与美头部平台企业的收入、利润规模存在量级上的差距，但我国近几年收入增速高出美国10个百分点，整体处于追赶状态。

从海内外市场发展的情况来看，我国平台企业具备国内超大规模市场的优势，美国平台企业在全球市场份额占据优势。从比较优势来看，得益于英语的全球通用语言的地位，美国的平台企业普遍全球化程度较高。例如，苹果、脸书、谷歌的国际业务收入占比均在50%以上，微软接近50%，亚马逊近30%。我国平台企业则得益于国内超大规模市场优势以及超大数据产生量、人口红利带来的规模效应，在国内迅速发展壮大，商业应用场景广度超过美国。美国也开始借鉴我国互联网平台的模式创新产品和成果。例如，美国初创公司莱姆单车（Lime）模仿中国共享单车的无固定停车模式，推出无固定停车点和扫码骑车服务；马斯克在收购推特后，则表示将模仿微信打造一个西方版的超级App。

三、平台全球化面临的政策挑战

随着数字经济价值的不断增长，平台企业的全球化发展也开始受到影响，跨国、跨区域发展将面临越来越多的不确定性。

（一）美国：将科技视为战略竞争核心领域，平台企业成为科技竞争的重要方面

科技竞争已被美国看作国家综合实力竞争乃至国家国际地位竞争的核心领域。美国明确将人工智能、量子科技、区块链等数字技术领域的主导权视为数字地缘的战略支柱。平台经济作为科技发展的时代产物，成为战略争夺的主要阵地之一。

技术创新是互联网平台实现创新发展、提升全球竞争力的重要推动力。美国通过掌控关键技术、实行技术出口管制等方式，以对其他国家平台获取先进技术和产品、开展关键技术研发形成一定制约。美国技术出口管制政策体系的形成可追溯至第一次世界大战期间，从1917年到现在，美国出口管制政策体系不断演变，从《敌国贸易法》到"巴黎统筹委员会"、《瓦森纳协

定》，再到《出口管理法》（EAA）、《出口管制条例》，不断修订政策，不断调整技术出口管制的针对对象与涉及范围。2018年8月，美国对EAA进行修订，通过了《出口管制改革法案》，其中增加了对美国的"新兴和基础技术"的出口控制，以"实体清单"的方式收录14大类新兴技术，包括人工智能、网络技术、金融科技、新一代信息通信技术等。美国商务部制定了《出口管制条例》，通过实体清单、未经证实清单、被拒绝人清单以及最终军事用户清单等对受辖企业的交易实施控制。

投资并购是许多企业选择突破海外市场、实现全球化发展的重要路径之一。然而，近几年，美国开始不断扩大外资投资审查的范围和力度，不断提高外资进入美国的壁垒，平台企业等通过资本进入美国市场的难度随之加大。2018年8月，《外国投资风险评估现代化法案》（FIRRMA）作为2019财年美国国防授权法案的一部分获得通过，由此美国从战略层面加大了对相关外国投资项目的审查力度。该法案扩大了美国外国投资委员会（CFIUS）的审批权限，凡是涉及"关键技术"（Critical Technology）"关键设施"（Critical Infrastructure）或"敏感个人数据"（Sensitive Personal Data）（简称TID）的外国非控股投资企业都需要强制申报。2020年1月，美国财政部针对FIRRMA发布了法规，并于2020年2月生效。

与此同时，美国还利用行政法案、舆论引导等方式，对其他国家在美经营企业进行市场干预，并通过外交游说、结盟等方式对相关企业其他海外市场施加影响。例如，2020年6月，美国推出"清洁网络"计划，内容包括制定清洁网络名单，保护美国公民的隐私和公司敏感信息免受"恶意行为者"的侵扰。2020年8月，美国宣布扩大"清洁网络"计划，在5G清洁路径计划的基础上推出了5项新的计划来保护美国的关键电信和技术基础设施，包括清洁应用商店、清洁应用程序、清洁云服务等新工作计划。其中，"清洁应用商店"从美国移动应用商店中删除不受信任的应用，"清洁应用程序"鼓励美国及其他国家的企业只使用经过审查、不含有潜在后门的应用软件，"清洁云服务"防止美国公民敏感个人信息和企业知识产权在可被外国对手访问的基于云的系统上进行存储和处理。推出该计划后，美国开始游说相关国家及企业加入"清洁联盟"。截至2020年年底，已经有超过50个国家和地区，以及180多家电信公司加入了"清洁网络"计划。

为配合"清洁网络"计划实施，美国政府颁布了系列行政令。2021年1月，美国商务部发布《确保信息通信技术与服务供应链安全》（ICTS规则）。根据规定，美国商务部部长可禁止受美国管辖的任何人采购、进口、转让、安装、交易或使用可能对美国国家安全、外交政策和经济构成特殊威胁的对手国家的ICTS。2023年3月，美国参议院两党又联合提出《限制信息和通信技术安全威胁出现法案》，对美国商务部ICTS规则做了较大幅度的扩张，特别是把量子计算等尖端技术以及应用程序纳入，其中"应用程序"的标准是在相关ICTS交易前一年之内任何时间点掌握超过100万美国用户数据。基于此，美国商务部将获得更大的权力，可以以美国国家安全为由对他国信息通信和技术交易进行全面审查，其他国家应用程序在美国市场的退出风险陡然上升。

另外，美国贸易代表办公室（USTR）自2011年起每年公布"恶名市场名单"，以对相关企业形成舆论压力。2024年1月，美国再次公布"2023年恶名市场名单"，39个线上平台被美国认为涉嫌侵犯知识产权。该名单虽不附带法律后果或惩罚，但会使被点名平台面临信誉损失、用户流失、品牌诉讼等挑战，还可能成为USTR发起301调查的理由和调查内容之一。

（二）欧盟：以确立数字主权为目标，大型互联网平台被施加严格义务要求

近年来，以微软、苹果、亚马逊、谷歌、脸书为首的美国互联网平台在欧洲长期占据较高的市场渗透率，欧洲的大量数据存储在非欧公司的云基础设施上，欧盟开始意识到其正在逐步丧失数字控制权。为减少核心技术对外依赖，增强其在数字领域的自主权，欧盟提出"数字主权"战略。即在数字发展、数字治理方面增强独立性和自主性，加快实现技术自主、摆脱产业依赖，构建全球数字竞争优势。为此，欧盟持续加大对数据和个人隐私的保护，加强投资审查和竞争监管力度，并对非本土平台企业开征数字税，意图为欧洲本土数字经济发展提供有利的市场环境，严格的政策壁垒使平台企业进入门槛和合规成本显著提高。

欧盟先后出台了《通用数据保护条例》《数字服务法案》《数字市场法案》等多项涉及互联网平台治理的政策文件与法案，对大型平台企业产生了重大影响，增加了其在欧盟的合规成本。2022年11月，美国战略与国际研究中心一份评估报告显示，根据监管情况，《数字市场法案》和《数字服务法案》保守将给美国微软、苹果、亚马逊、谷歌、脸书这五大平台带来约220亿～500亿美元的新合规和运营成本。2024年以来，虽然各大平台为遵守《数字市场法案》和《数字服务法案》，相继发布了相关更新举措，但并未完全达到欧盟委员会的要求。

一些欧洲国家还开始征收数字税。自2020年1月1日起，意大利向全球年收入超过7.5亿欧元且在意大利收入超过550万欧元的大型科技公司，按照3%的税率征税。奥地利对全球年收入超过7.5亿欧元且在奥地利收入超过2500万欧元的在线广告服务提供商，征收5%的数字服务税。2020年年底，法国对全

球年收入超7.5亿欧元且在法国收入超过2500万欧元的数字企业，征收3%的数字服务税。自2021年1月16日起，西班牙对全球年收入超过7.5亿欧元且来自西班牙的数字服务收入超过300万欧元的企业，征收3%的数字服务税。

除此之外，2019年3月，欧盟还发布了《欧盟外国直接投资审查框架条例》（以下简称《条例》），旨在阻止外国投资者对其战略性行业和企业进行投资和收购等危及欧盟安全的商业活动。《条例》以"政治""国家安全"为由，限制和排除重点高科技领域的外来投资，规定了影响安全或公共秩序的投资范围，为成员国提供了一份提示性清单。审查主要聚焦于关键技术和军民两用产品、关键基础设施、关键材料的供应和敏感信息的获取4个领域，重点包括人工智能、网络安全、通信、媒体、数据处理或存储、个人数据或控制信息的能力等。

欧盟作为具有庞大消费者基础的经济体，市场体量巨大，任何企业想要进入欧盟市场都必须遵循欧盟制定的标准，这使欧盟在数字经济治理中拥有较强的话语权。欧盟正在通过构建数字主权努力提升其在全球数字领域的竞争力，并对大型平台企业全球化发展产生重要影响。

（三）印度：重视本土产业利益，非本土平台发展受到制约

得益于庞大的人口规模，印度成为许多国外企业投资发展的目的地之一。早在2016年，印度就已经超越美国，成为仅次于中国的全球第二大互联网市场。然而，近年来，其政策日益重视本土产业利益，对非印平台企业的发展带来挑战。

从外资准入来看，一方面，印度对"陆地接壤国家"的外商投资提高了准入门槛。2020年4月，印度商工部对外国直接投资（FDI）政策做出修订，将直接或间接来自印度陆地接壤国家的投资，从之前大部分行业适用的"自动

路径"审批改为"政府路径"审批。其中，在"自动路径"下，外国投资者在投资前不需要获得印度政府的任何批准；而在"政府路径"下，相关投资提案则需要事前经过相关部门的审议。同时，修订后的FDI政策还规定，直接或间接将现有及未来在印度的外商直接投资份额转移至印度陆地接壤国家的投资者，也需要获得政府审批。"陆地接壤国家"包括孟加拉国、巴基斯坦和中国在内的7个国家，相关国家投资者因此受到影响。例如，在此背景下，蚂蚁集团于2023年7月减持了印度支付平台Paytm的股份。

另一方面，印度对部分领域的外商投资做出明确限制。例如，印度虽然允许外国企业进入电商市场，且持有100%的股份，但仅允许其作为第三方平台存在，不允许其销售自营产品。同时还对外资电商平台做出一系列额外规定，包括外资电商参股的其他企业的产品也不得在其平台上销售，其平台上不得存在独家销售的商品，单一供应商在其平台上的销售额不得超过平台总销售额的25%，以及不得经营售后服务等。仅有在满足销售商品产自印度，或企业创始人为印度人，或企业管理层为印度方等例外条件下时，才允许外资电商平台采取自营模式，但此种条件下，外资持股比例仍不得大于49%。

此外，近年来，印度还加大了对国际超大型平台的反垄断监管力度，以此来更好地维护本土企业的利益。例如，2022年1月，印度竞争委员会（CCI）在接到数字新闻出版商协会的投诉后，对谷歌展开反垄断调查。该协会声称谷歌在印度搜索引擎市场和在线广告服务市场中均占据支配地位，而谷歌未能向新闻网站支付公平合理的广告分成，也没有提供关于广告收入的任何信息。2024年3月，CCI再次对谷歌应用商店的计费系统展开调查，原因系谷歌通过短暂下架方式警告部分印度企业需遵守其平台的计费规则，为此，印度企业向CCI提起投诉，引发谷歌再次遭遇反垄断调查。

除对外资持保守态度外，近年来，印度还出台了一系列新的数字法规，以赋予印度政府对数字领域更强的控制权，平台在印度发展遭遇进一步挑战。例如，2021年，印度发布了《信息技术（中介准则和数字媒体道德规范）规则》，要求即时通信平台追踪聊天记录并识别信息的发送者，即破解加密信息。为此，WhatsApp已向新德里高等法院提起诉讼，并宣称世界上没有任何一个国家要求它这么做，如果其被迫解除端到端加密，它将不得不停止在印度的运营。

总体而言，随着各国在数字经济领域的竞争，平台企业的全球化发展可能将面临更多政策层面的挑战。

第七章

新时代中国互联网平台的发展与治理

一、高质量成为平台经济发展新要求

（一）推动平台经济高质量发展的重要意义

平台经济高质量发展是支撑社会主义现代化国家建设目标实现的关键动能。

第一，平台经济为创新发展提供了新引擎。一方面，平台企业是数字技术的重要创新源泉和创新力量，尤其在大数据、云计算、人工智能、区块链、数据库、自动驾驶等前沿数字技术领域，平台企业已经成为科技创新的核心力量，并依靠新技术孵化新业态，基于数亿级消费者、千万级企业用户构建一个即时、在线、低门槛的技术发展型市场，带动新兴产业不断涌现和成长。另一方面，平台将多种数字技术与服务嵌入全产业链，通过连接、匹配与汇聚，打破时间和空间壁垒，促进生产者、消费者、供应商、设备和产品的融合与协作，优化产业资源配置，推动产业链生态系统的布局优化与结构升级，带动全要素生产率提升，形成越来越强的经济动能，从而支撑经济增长。

第二，平台经济为扩大需求提供了新空间。一方面，平台经济改变了产业组织结构，通过打造线上交易平台，实现供需双方的高效精准匹配，打通生产、流通、消费，有效降低了交易成本，增强了经济活动的普惠性，为用户扩宽了消费渠道，也为实体企业拓宽了销售渠道。另一方面，平台企业不断创新服务业态，通过算法推荐机制、激励机制，形成虚拟集聚，充分挖掘长尾市场，释放消费者个性化、多样化、不断升级的需求。这种需求引领供给体系和结构变化，催生新的需求，需求空间进而不断扩大。

平台经济高质量发展是不断满足人们美好生活需要的重要路径。

第一，平台经济为就业创业提供了新渠道。一方面，平台经济重构了工业时代科层制的组织用工模式，打破了人与岗位的固定联结，人的工作时间、地点、劳动报酬方式更为灵活。平台经济新业态催生了网约车司机、配送员、网络主播等可以灵活就业的新岗位与新职业，拓宽了就业渠道，丰富了劳动者的职业选择。另一方面，平台经济的兴起和发展，降低了创业的门槛和成本，互联网融资平台、第三方支付平台等丰富了融资渠道，众多的小微企业在平台聚集，使更多适配的工作或项目得以落地，创造出大量的就业岗位，吸纳更多的劳动力。同时，平台基于数据算法的匹配撮合机制，降低了就业市场的信息不对称性，实现了劳动供需双方大规模的精准匹配，极大地提高了劳动力市场的运行效率。

第二，平台经济为公共服务提供了新支撑。一方面，通过政企合作、委托运营等方式，平台企业越来越多地参与到政府治理的数字化转型中，例如，多个城市依托平台企业发力"城市大脑"建设，实现交通治堵、环境监测、社会治安等方面的智能化、精准化、主动化，助推政府治理水平的提升。另一方面，平台打破了传统公共服务的地域限制和时空限制，为人们的生活提供更加便捷的服务。例如，政务服务平台不断增加"一网通办""一站式"服务事项，实现了个人生活服务和企业商事服务的线上办理。

平台经济高质量发展是构筑国家竞争新优势的战略选择。当今，世界正面临以信息技术为代表的新一轮技术革命和产业变革，数字经济是经济发展的新赛道之一，并将引领其他新赛道发展。平台经济作为数字经济的主要发展力量，是众多现代信息技术发展成果的集中体现。

（二）如何理解平台经济高质量发展

高质量发展阶段要求实现"量的合理增长"与"质的有效提升"这二者的有机统一。

其中，"量的合理增长"要求平台企业需要保证一定的规模增速。速度与质量是辩证统一的，"高质量"并不意味着"低速度"，相反，只有经济增速保持在合理区间，才能为高质量发展积累足够多的资源，为推动质量变革、效率变革、动力变革提供坚实的物质和技术基础。平台企业在创新驱动、提升核心竞争力的过程中，需要在技术研发、产品升级、人才培养等方面进行长期持续的高投入。只有保证一定规模的增速和盈利，才能不断投入、不断创新、不断发展，从而增强产品和服务的竞争力，实现高质量发展目标。

"质的有效提升"要求平台经济做到以下3点。

一是要进一步提升创新能力和水平。 创新驱动是高质量发展的一个定义性特征，高质量发展就是要让创新作为第一动力，只有创新驱动才能推动我国平台经济从外延式扩张上升为内涵式发展。平台是数字时代生产要素和创新要素汇聚、沉淀、分发、流转、融合的重要载体，推动技术创新不仅是平台经济的战略使命，而且是平台经济在新周期下释放增长新动能、赢得国际竞争主动权的战略支点。

二是要进一步提升融合赋能的广度和深度。 我国平台经济赋能潜力巨大，拓展新增长空间前景广阔。应进一步创造平台经济赋能千行百业的效益和价值，通过赋能服务业高效发展、制造业转型升级、农业农村现代化，推动平台经济发挥更大的引领和带动作用。

三是要推动发展成果进一步惠及人民。 高质量发展就是要回归发展的本源，实现大多数人的社会效用最大化。平台经济要坚持以人民为中心的发展理念，坚持规范健康发展，扩大个性化、差异化、品质化的产品和服务供给，不断满足人民对美好生活的需要，带动就业创业，在解决人民群众关心的问题中，找到平台经济增长的新动力，从而切实提升平台经济在发展全局中的作用。

平台经济高质量发展的目标是实现平台经济发展从人口流量红利转向技术创新红利，从模式创新主导转向科技创新驱动，从消费互联网主导转向工业互联网与消费互联网协同发展，从追求规模增长转向更加兼顾社会效益，形成具有全球竞争力的平台经济生态。

平台经济追求高质量发展，既是企业发展方式和增长路径转变的过程，也是政府制度创新和营商环境优化的过程。**实现平台经济高质量发展的关键，是通过政府和企业双向发力，在企业侧主动把握发展机遇，积极贯彻国家要求，加快转型创新发展步伐；在政府侧着力营造良好的发展环境，畅通创新要素供给，加快形成与高质量发展相适应的制度体系、要素保障和支持政策。**

二、平台经济发展逻辑正发生深刻转变

（一）平台估值逻辑转变：回归打造核心竞争力

近10多年来，互联网行业诞生了一大批被资本市场看好的企业。在全球

市值排名前列的互联网企业中，我国互联网企业的数量位居全球第二，是全球互联网领域的佼佼者。然而，与国际主要互联网平台"专业化+全球化"发展模式下的高估值逻辑不同，我国互联网行业主要的发展模式是"多元化+本土化"。

我国互联网企业仅凭国内市场就支撑起的高估值逻辑主要得益于4个方面。**一是广大人口红利**。平台经济最大的特性就是网络效应，而网络效应的发挥与用户规模息息相关。国内庞大的网民规模，使国内很多应用可以迅速获得上千万，甚至上亿的活跃用户。**二是全球规模最大、覆盖最广的宽带网络基础设施**。在宽带中国、提速降费等一系列国家战略的支持下，我国快速建立起全球规模最大的移动宽带和光纤网络。面对偏远地区通信较难的情况，我国现有行政村全面实现了"村村通宽带"，99%以上的行政村实现了光纤宽带和4G信号双覆盖，为数字经济做大做强提供了坚实的网络基础。同时，自2015年实施网络提速降费以来，固定宽带和移动流量平均资费降幅均超过95%，企业宽带和专线资费降幅均超过70%，极大地促进了宽带网络和应用的全面普及。这些宽带网络基础设施构成了我国平台经济繁荣发展的"硬实力"。**三是横向扩张的发展模式**。受文化差异、技术能力等方面因素影响，全球化并未成为我国互联网行业发展的主要逻辑，而是在国内一个垂直领域占据主导地位后，通过流量倾斜、并购等方式快速向更多领域横向渗透，打造综合性"一站式"平台成为我国平台企业发展的主要路径，也成为支撑我国互联网行业高估值的关键逻辑。**四是国内的政策支持**。长期以来，对处于初创期和成长期的互联网行业，我国一直给予了较大的政策支持力度。在平台责任、隐私数据采集、劳动者保障义务、税收等多个方面充分考虑平台经济新模式、新业态的特点，通过分类实施政策的方式给予包容性发展。

然而，随着我国平台经济发展进入成熟期，行业发展面临的环境正在发生根本性变化，即从高速增长进入高质量发展的新阶段，平台企业的估值逻辑也必然发生变化。**首先，人口红利见顶，驱动企业估值回归产品和服务。**人口红利见顶于2017年就已经出现，并处于日渐严峻态势。2020年，网民上网时长明显增加，网络流量红利出现一波反弹，但从2021年开始，流量红利的瓶颈再次凸显，驱动企业从唯流量论的发展模式和估值模式加快向高质量产品和服务供给转变。**其次，企业估值回归核心专业技术能力。**平台企业基于资本优势、流量优势、数据优势的低水平重复性的横向扩张的发展模式已不可持续，平台企业转型迫在眉睫，基于底层创新能力提升专业化和全球化水平，通过深耕专业化能力做大做强成为必然选择。**最后，平台将承担起更大的社会责任，企业估值将兼顾合规成本与社会效益。**随着平台企业的发展壮大，其公共性和基础设施属性越发凸显，企业在网络安全、消费者权益、个人信息保护、劳动者保障等方面的社会责任、道德责任与合规成本也随之提升，成为企业估值中必须考虑的因素。

（二）市场扩张方式转变：从本土化转向全球化

一是将"走出去"提升至更高的战略层。针对国内流量见顶、监管日趋严格的情况，"走出去"成为平台企业的普遍共识，一些企业不约而同地加大全球化投入力度。2021年12月，阿里巴巴组织架构发生重大调整，整合设立"中国数字商业"和"海外数字商业"两大业务板块，"全球化"被置于与"适配国内需求"同等重要的战略位置。阿里巴巴在2023年的架构调整中，将国际数字商业作为六大业务集团之一独立运营。根据阿里巴巴财报，阿里巴巴2023年第四季度全球化业务同比增长40%，订单量同比增长24%，在六大板块业务中，全球化业务增速最快。与此同时，腾讯游戏也正式宣布推出海外发行品牌Level Infinite，发行腾讯内部工作室和第三方开发商的作品，面向全球玩家提供游戏。字节跳动则凭借TikTok在短视频领域的成功，进一步在电商和游戏领域加速全球化布局。

二是全球化呈现遍地开花的积极态势。目前，我国互联网企业出海方向呈伞状迸发，覆盖了北美、拉美、中东、东南亚等大部分区域。我国短视频平台在全球多个市场占据头部位置。例如，TikTok在北美地区的渗透率已接近40%，快手海外产品在拉美地区的渗透率接近30%。此外，TikTok在2021年超过谷歌公司成为全球访问量最大的互联网站点；东南亚地区头部电商平台背后则均有我国互联网企业投资；赤子城科技旗下的社交应用MICO、YoHo及欢聚时代旗下的直播应用BigoLive等在中东的一些国家中长期位于App收入榜单前十。

三是通过收购海外企业快速拓展市场。借助海外投资或并购的方式进行出海突破仍然是我国平台企业"走出去"的重要策略之一。2021年，部分大型平台企业加大海外投资力度，以加快全球化步伐。例如，2022年，腾讯共达成37笔国际投资交易，海外投资占比增长近1倍。

案例： 希音（Shein）

快时尚跨境电商平台希音的前身于2008年成立，2012年正式更名为希音（Shein），其定位为跨境快时尚女装。2015年推出希音应用程序。2013—2020年，希音共完成5轮融资。2022年，希音估值达1000亿美元，其服务范围覆盖欧洲、北美、南美、东南亚、中东等消费市场的100多个国家和地区。

上新速度、网络营销能力和供应链管理能力是希音在快时尚领域冲出重围的主要核心竞争力。在上新速度方面，希音每日均有产品上新，每周上新体量在"万款"级别。一件衣服从设计、打板，到生产、上架只需约7天。

在网络营销方面，希音在社交媒体出现早期就开始进行营销投入，目前，希音的海外主要社交媒体拥有千万级的支持者，而且对不同国家采用不同的账号风格，发布的服装款式及模特照片更加符合当地人的审美。在供应链管理方面，希音拥有一批黏性极高且合作多年的供应商。这些供应商拥有较强的"小单快返"能力，即以较少的成本制作小批量、成衣快的测试市场。测试效果好的衣服，通过后端供应链快速追加订单，多批次生产、快速交货。此外，希音建立的供应链仓储物流中心能够为全球销售提供物流支持。其中，国内中心仓负责全球95%商品的流转；海外中转仓只负责接收消费者的退货，不进行发货；海外运营仓只负责其辐射区域的配送。

案例：阿里巴巴

阿里巴巴成立之初旨在打造全球贸易商业平台网站，即阿里巴巴国际站。虽然经过多次组织架构调整，但其始终将国际业务放在与国内业务同等重要的战略位置。当前，阿里巴巴实行"1+6+N"组织架构，拆分出的国际数字商业集团面向全球提供国际零售商业服务和全球批发商业服务。

阿里巴巴国际零售商业服务主要由来赞达（Lazada）、全球速卖通（AliExpress）、Trendyol和Daraz组成。其中，来赞达为东南亚电子商务平台，于2016年被阿里巴巴收购，活跃用户数为1.6亿，在东南亚拥有超过30个仓储中心。全球速卖通于2010年由阿里巴巴创立，目前支持18种语言站点，覆盖全球220个国家和地区，主要交易市场为俄罗斯、美国、西班牙、巴西、法国等，海外成交买家数量超过1.5亿。2023年3月，全球速卖通推出跨境业务Choice，通过"全托管"模式，让商家专注于生产及备货，由平台处理营运及销售等后续流程，指定地区用户在Choice下单，享有免运费、免费退货和配送质量保证等服务。在Choice带动下，全球速卖通在2023年第四季度订单同比增长超过60%。Trendyol为土耳其电子商务平台，阿里巴巴于2018年入股该平台。Trendyol还利用其在土耳的产品采购能力和供应链优势拓展国际业务，使土耳其商家能够通过六大洲的50多个第三方电商平台，为全球消费者提供产品。在全球批发商业服务方面，阿里巴巴国际站是综合型外贸在线批发交易平台，为来自全球的供应商提供与海外批发买家之间的询盘、在线交易、数字化营销、数字化供应链履约和金融等服务。买家一般是全球各国的贸易代理商、批发商、零售商、制造商和开展进出口业务的中小企业。

案例：Temu

Temu为拼多多旗下的跨境电商平台，于2022年9月在美国率先上线。截至2023年年底，Temu已进入北美洲、欧洲、亚洲等全球近50个国家和地区，并成为苹果应用商店2023年下载量最高的应用。

Temu采取的是"全托管"模式和"柔性供应"机制。其中，"全托管"模式是指由商家供应货品，并将货品发至Temu国内仓，其他销售、运营、仓储、配送、退换货、售后服务等环节则皆由平台全权负责。在"全托管"模式下，卖家节约了人工、物流等方面的成本。"柔性供应"机制是指通过少量、多次的快速响应，识别、归集不同国家市场的消费需求，让卖家能够紧跟流行风向，改进老产品，开发新产品，持续打造畅销商品，提高商品"爆款"的概率。此外，Temu上线之际，拼多多就已启动多多出海扶持计划，以期降低中小商家的运营、物流等成本。截至目前，Temu已深入广东、浙江、山东、安徽等地的百余个制造业产业带，每天出口包裹量超过40万个，日均货重达600吨左右。

案例：TikTok

2017年5月，字节跳动推出抖音的国际版TikTok，致力于全球化发展，并在几年时间内迅速迭代形成支持70多种语言、服务150多个国家和地区的平台。截至2023年6月，TikTok全球下载量突破35亿次，拥有用户超过16亿。

在全球化布局推进的过程中，TikTok在产品端不断丰富其新功能，以提高用户参与度和增加社区内容生态；在营销端重金投放广告，并搭建起海外版巨量引擎TikTok for Business（商业版TikTok）和海外版星图Creator Marketplace（创建者市场），为企业提供综合的数字化营销服务。与此同时，随着直播和广告业务的日益成熟，TikTok开始启动电商业务，陆续在印度尼西亚、英国、越南、泰国、菲律宾、新加坡、美国等国家上线TikTok Shop（TikTok商店）业务。TikTok在海外短视频市场迅速占据一席之地，其主要基于以下3个方面：一是通过精准广告投放和精准营销迅速扩大用户规模，例如，利用运动赛事等增加播放量，提升话题的讨论性；二是利用算法为用户提供精准、个性化的内容推荐，增强用户黏性；三是采取本地化运营，依据不同国家、不同市场，为用户提供与其文化背景和兴趣相契合的内容体验。

（三）投资发展方向转变：更加注重"硬实力"

一是加大对产业互联网的布局。目前，消费互联网市场已趋于饱和，以腾讯、阿里巴巴、百度、京东为代表的互联网企业纷纷调整投资和运营策略，积极向产业互联网发力。截至2022年5月，这4家互联网企业打造的工业互联网平台已进入工业和信息化部发布的"跨行业跨领域工业互联网平台清

155

单"。从企业具体布局来看，腾讯从2018年开始将产业互联网纳入公司核心战略，并成立云与智慧产业事业群，在智慧零售、智慧医疗、智慧金融等多个领域垂直布局。根据其公布的财报，ToB业务收入在2021年第四季度首次超过网络游戏，成为腾讯的第一大收入来源。阿里巴巴于2019年推出阿里商业操作系统，打通阿里商业场景和阿里云、钉钉等数字化基础设施，开启全链条数字化经营。百度以搜索引擎和AI技术为核心，建立云计算基础，以无人驾驶等作为重要切入口布局产业互联网。

二是优化投资结构，转向实体产业。在国家政策引导下，头部企业的投资方向出现较大变化，在国家鼓励的先进制造和企业服务领域投资增速明显。根据IT桔子数据，2022年，腾讯、阿里巴巴、字节跳动、美团等企业的投资结构进一步优化，在投资的各领域中，关于先进制造的投资占比涨幅最大，由9%增长至21%，其次是汽车交通、金融、元宇宙领域，投资占比增长2%。2021—2022年我国排名前十的互联网平台投资领域占比如图7-1所示。

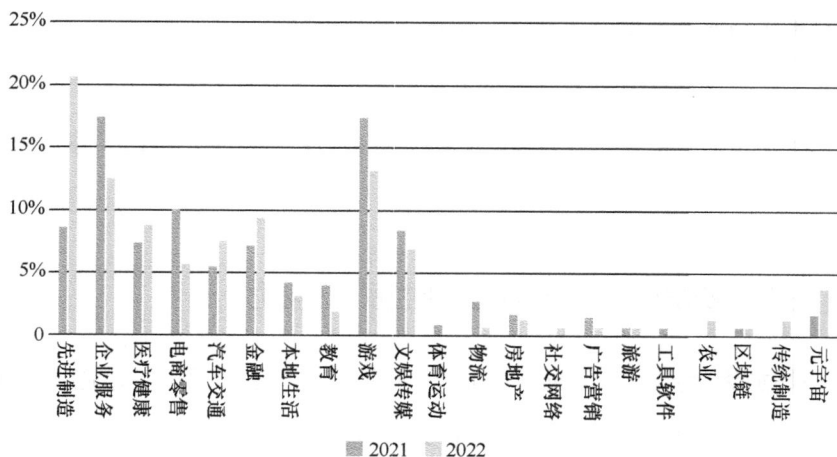

数据来源：IT桔子。

图7-1　2021—2022年我国排名前十的互联网平台投资领域占比

三是在芯片等关键领域取得一定进展。阿里巴巴、腾讯等企业纷纷在芯片等产业互联网发展的关键领域加速推进。阿里巴巴在2018年9月成立平头哥半导体有限公司，计划打造面向汽车、家电等诸多行业领域的智联网芯片平台。"平头哥"于2019年7月正式发布新款第5代精简指令集计算机（RISC-V）处理器芯片玄铁910，至今玄铁系列处理器累计出货量已达25亿颗；2019年9月发布的含光800已实现规模化应用；2021年10月发布的倚天710逐渐在阿里云数据中心得到部署。腾讯于2020年成立专注芯片研发的蓬莱实验室，在实现芯片端到端设计、验证全覆盖；2021年11月发布紫霄、沧海、玄灵3款自研芯片。

四是加速生成式人工智能新赛道布局。我国大型平台企业均已具备千亿级以上参数规模，并从不同业务方向加快生成式人工智能应用落地。2023年3月，百度知识增强大语言模型"文心一言"正式发布并开启公测；2023年4月，阿里巴巴发布"通义千问"，并启动通义千问伙伴计划，为首批7家行业数字化服务商提供大模型领域的技术、服务与产品支持，推动大模型在不同行业的应用。另外，百度、阿里巴巴、腾讯均宣布将在未来3～5年投入500亿～1000亿元用于人工智能技术的研究和开发，抢占技术领先地位，打造更具全球竞争力的科技型平台企业。

案例： 百度"文心一言"

文心（ERNIE）是百度自主研发的产业级知识增强大模型。当前，文心家族共拥有36个大模型，包括自然语言处理（NLP）、计算机视觉（CV）、跨模态等基础大模型，生物计算等领域的任务大模型，以及与其他企业和机构共建的行业大模型等，目前，已在能源、金融、航天、制造、传媒、城市、社科及影视等领域落地。

百度于2023年3月16日发布知识增强大语言模型产品"文心一言"，其基于ERNIE等系列预训练模型研发，包含6项核心技术模块：监督精调、人类反馈的强化学习、提示、知识增强、检索增强和对话增强；采用全栈布局，在技术栈应用层、模型层、框架层、芯片层的4层架构中实现端到端优化，有效提升效率、降低成本。"文心一言"的综合能力在文学创作、商业文案创作、数理逻辑推算、中文理解、多模态生成等场景中尤为突出，已经基本具备对自然语言的理解、表达和逻辑推理能力。2023年8月31日，"文心一言"向社会全面开放。开放24小时内，"文心一言"共计回复网友超过3342万个问题，开放下载首日的日活跃用户突破100万。在2023年10月17日举办的百度世界大会上，文心大模型4.0正式发布。该模型在基础模型方面实现了全面升级，理解、生成、逻辑、记忆四大能力明显提升，应用场景拓展至解数学题、小说撰写和角色、情节设置，以及数字人医生解读药品说明书等。

案例：阿里云"通义千问"

2023年4月11日，阿里云正式发布初代"通义千问"大模型。作为超大规模语言模型，"通义千问"具备文字处理、数据分析、学术研究、艺术创作等多项功能，具有多轮对话、文案创作、逻辑推理等综合能力，旨在帮助用户提高工作效率。

2023年8月，"通义千问"宣布加入开源行列，随之启动开源，沿着"全模态、全尺寸"开源的路线，陆续推出10多款开源模型。目前，通义开源模型下载量已经超过700万。顺应不同场景用户的需求，"通义千问"推出参数规模横跨5亿～1100亿的8款大语言模型，小尺寸模型，例如0.5B、1.8B、4B、7B、14B，可在手机、计算机等端侧设备便捷部署；大尺寸模型，例如72B、110B可支持企业级和科研级的应用；中等尺寸模型，例如32B试图在性能、效率和内存占用之间找到最具性价比的平衡点。此外，"通义千问"还开源了视觉理解模型Qwen-VL、音频理解模型Qwen-Audio、代码模型CodeQwen1.5-7B、混合专家模型Qwen1.5-MoE。通义72B、110B开源模型曾登顶开放大语言模型排行榜（Open LLM Leaderboard）榜首，在开放研究机构LMSYS Org推出的基准测试平台Chatbot Arena（大语言模型评测）上，通义72B模型多次进入"盲测"结果全球前十。

2024年5月9日，"通义千问"2.5版大模型发布，相较于上一版本，"通义千问"2.5版大模型的理解能力、逻辑推理、指令遵循、代码能力分别提升9%、16%、19%、10%。目前，"通义千问"通过阿里云服务企业数量超过9万家、通过钉钉服务企业超过220万家，已落地汽车、航空、天文、矿业、教育、医疗、餐饮、游戏、文旅等多个领域。

案例： 腾讯"混元"

2023年9月7日，腾讯正式发布全链路自研通用大语言模型——混元大模型。该模型拥有超千亿参数规模，预训练语料超2万亿Tokens（词元），具备强大的中文创作能力，复杂语境下的逻辑推理能力，以及可靠的任务执行能力。

腾讯混元大模型基于Transformer架构，覆盖多轮对话、内容创作、逻辑推理、知识增强四大核心能力，采用预训练，而后有监督微调的训练模式，提升特定任务和目标的适应能力，采用多种技术手段以提高模型泛化能力和生成效果，例如，使用掩码策略、不同的优化算法、数据增强等。混元大模型目前已上线3个版本，当前效果最优版本hunyuan-pro（混元增强版），支持万亿级参数规模MOE-32K长文模型，支持大模型功能调用，具备接收复杂指令、推理、复杂数学能力等升级能力。混元大模型可应用于包括文档场景、会议场景、广告场景、营销场景在内的多项应用场景。目前，腾讯内部已有超过400项业务和应用场景接入腾讯混元大模型内测，包括腾讯会议、腾讯文档、企业微信、腾讯广告和微信搜一搜等。此外，hunyuan-pro在多语言翻译、金融、法律、医疗等领域方面应用进行了重点优化。

2024年5月14日，腾讯混元文生图大模型全面升级并对外开源。作为文生图开源模型，腾讯混元支持中英文双语输入及理解，除了直接用于文生图，也可以作为视频等多模态视觉生成的基础。

总体而言，我国平台企业的经营逻辑和资本市场的投资逻辑正在发生积极的结构性变化。

三、平台治理从包容审慎走向常态化监管

虽然对互联网平台的监管最早可以追溯至对互联网的监管，但我国真正意义上的平台治理实则始于平台经济搭乘移动互联网的快车，即平台经济在国内蓬勃发展之后。彼时，互联网对于培育经济发展新动能的作用日益受到重视，与互联网相关的各种新经济概念也开始出现，对互联网新经济新业态的治理正是我国平台治理的开端。包容审慎是我国早期平台治理的基本理念。

这样的治理基调为平台经济把握移动互联网发展机遇迅速崛起提供了

有利的外部环境，各种新模式新业态不断涌现，并成为推动我国经济社会发展的"主力军"。然而，伴随平台经济的高速发展，各种治理挑战逐步显现。那些在传统经济活动中尚未被解决好的问题，在平台时代被进一步放大。与此同时，平台责任界定、个人信息保护、平台垄断规制、平台算法治理等新议题相继出现，监管干预的必要性日益凸显。2019年8月，国务院办公厅发布《关于促进平台经济规范健康发展的指导意见》，该文件中的"规范健康"4个字充分蕴含了平台经济亟须立足长远发展、告别野蛮生长的必要性。

随着数字化进程加快，人们的日常工作生活都更加依赖于互联网平台，平台经济得以高速增长，在经济社会发展全局中的地位和作用日益凸显。与此同时，我国平台经济也进入转型发展的关键时期，"不规范不充分"问题日益突出。

2020年12月16日—18日，中央经济工作会议明确提出，"要完善平台企业垄断认定、数据收集使用管理、消费者权益保护等方面的法律规范。要加强规制，提升监管能力，坚决反对垄断和不正当竞争行为"。

2021年3月16日，习近平总书记主持召开中央财经委员会第九次会议时强调，要"推动平台经济规范健康持续发展"，并提出要"从构筑国家竞争新优势的战略高度出发，坚持发展和规范并重，把握平台经济发展规律，建立健全平台经济治理体系"。此后，我国围绕平台反垄断、个人信息保护和数据安全等方面，加快建立和完善制度规则。

2021年12月，国家发展和改革委员会等九部门联合发布《关于推动平台经济规范健康持续发展的若干意见》（简称《意见》），从健全完善规则制度、增强创新发展能力、赋能经济转型发展等方面提出若干举措，旨在推动平台经济朝着更高质量、更有效率、更加公平、更可持续、更为安全的方向发展。与此同时，《意见》还提出，要强化部门协同、部门联动、央地联动，加强监管行动和政策的统筹协调，防范政策叠加导致非预期风险。

2022年3月16日，国务院金融稳定发展委员会[1]专题会议提出，要坚持稳中求进，通过规范、透明、可预期的监管，促进平台经济平稳健康发展。2022年4月29日，中共中央政治局会议提出，要促进平台经济健康发展，实施常态化监管，出台支持平台经济规范健康发展的具体措施。2022年7月28日，中共中央政治局召开会议时强调，要对平台经济实施常态化监管。2022年12月，中央经济工作会议进一步指出，要大力发展数字经济，提升常态化监管水平，支持平台企业在引领发展、创造就业、国际竞争中大显身手。2023年《政府工作报告》再次强调，大力发展数字经济，提升常态化监管水平，支持平台经济发展。我国平台治理进入"常态化监管"新阶段。

而平台经济常态化监管就是要更好地平衡发展与规范的关系，即实现"在发展中规范，在规范中发展"，通过创造可预期的政策环境，为推动平台经济高质量发展提供有力支撑。常态化监管应当包含以下特征。

一是稳定性连续性。从表述上看，"常态化"是相对运动式的临时性救济而言的，具有时间上的持续性和逻辑上的连贯性，是按照市场经济运行规律，对市场主体实施的持续的、全面的、有效的管理，并强调政策的一致性和稳定性。忽松忽紧、忽热忽冷的政策会扰乱市场预期，加大经济的波动性和短期性，使企业决策、投资者行为难以长期化，从而导致"重投机轻事业、重利润轻责任"的市场氛围。

二是法治化规范化。常态化监管是依法监管的题中应有之义，要求制度规则明晰，执法规范严谨，既不是"放手不管"，也不是"层层加码"，给

---

1 2023 年 10 月撤销，职责划入中央金融委员会办公室。

市场主体以稳定的预期，使其可以预测自己行为的法律后果，并且在此基础上进行理性的、长远的、重大的决策。值得注意的是，由于市场存在供需失衡、循环不畅等问题，所以在必要时应采取临时救济性政策，但需要在法治的框架内展开，遵循相关制度规范要求，并在明确的时间内稳妥退出，与常态化监管措施之间形成衔接和转化机制。

三是透明化公开化。公开透明是法治政府的基本特征，也是常态化监管的基本特征。一方面，常态化监管应遵循公开透明的监管规则和标准体系，做到规则透明、执行透明、结果透明，确保企业和公众的知情权、监督权，避免监管"黑箱"引发市场猜测，造成预期不稳。另一方面，常态化监管过程中还应保障企业和公众的参与权和表达权，通过常态化沟通机制让多元主体更大程度地参与监管政策制定、执行和评估，形成政府与市场的良性互动。

四是动态化精准化。政府监管存在天然的滞后性，尤其面对新经济形态带来的治理挑战，固守既有政策认知框架必然带来监管不当。"常态化"不是一劳永逸，而是体现了动态和发展的特征，要求监管者保持对市场运行情况和经济发展规律的动态跟踪掌握，从而精准发现问题，做出敏捷回应，科学部署处置，努力做到监管效能最大化、监管成本最优化、对市场主体干扰最小化，而不是进行"一刀切"式的简单执法。常态化监管应符合以下要求。

要求一：监管规则应明确清晰、具体细化。平台经济的网络效应，也具有一定规模经济和范围经济的特征，叠加资本、技术和数据的力量，以及其强大的渗透融合能力和全球化运作的特点，给既有监管政策体系带来了严峻的挑战，要求聚焦平台经济新特点，加快完善和细化制度规则，明确红线底线，增强政策预期性和规范性，夯实常态化监管基础。

　　要求二：监管机制应部门协同、多方参与。基于平台经济双边和多边市场特性，要求充分发挥各类主体在平台经济治理中的关键作用，鼓励企业、社会团体、公众等利益相关方参与政策制定的过程中，并划清治理职责边界。在兼顾各方利益的基础上，加大统筹协同，切实把握好政策出台的时序、重点、节奏和力度，避免"合成谬误"对市场和创新造成不当干预。

　　要求三：监管方式应适应平台经济发展特征。平台经济具有创新迭代快、技术变化性强等特点，在组织形态、竞争表现等方面均与传统经济有明显不同，要求监管能够适应平台经济发展特征。为变化做出持续准备，并根据变化快速响应，及时制定和调整相关政策，以满足平台经济创新发展的需要。对已颁布政策的实施效果进行定期审查和评估，以确保政策措施更加适应数字技术和新的平台经济的商业模式。

　　我国平台治理从"包容审慎"走向"常态化监管"，体现了政府治理为适应平台经济不同发展阶段所作出的动态调整与选择。在"提升常态化监管水平"的总体要求下，平台经济相关制度规则将进一步完善，监管要求将进一步明确，监管协同性将进一步提升，最终形成规范、透明、可预期的监管环境，为平台经济高质量发展保驾护航。

四、推动平台经济高质量发展的思考建议

　　当前，我国平台经济正处在从高速增长阶段向高质量发展新阶段转型的战略机遇期和发展攻坚期。新时代新征程，聚焦平台经济高质量发展面临的关键问题和实际困难，着力优治理、稳增长、提信心，统筹好发展与规范、活力与秩序、国内与国际的关系，加快形成与平台经济高质量发展相适应的制度体系、要素保障和支持政策，激发平台经济的生机与活力，推动平台经

济规范健康发展。

（一）推进平台经济常态化监管，释放发展新动力

加快树立敏捷监管理念，防范平台经济负外部性。针对平台经济创新迭代快、技术突变性强等特点，敏锐洞察平台经济领域无序竞争、数据滥用等问题和风险。及时跟进研究响应，推动"监管沙箱"试点，对新技术新业态，定期开展效果评估，动态调整和制定相关政策，保持与利益相关方常态化互动对话，"小步快跑"完善迭代，在满足创新发展需要的同时将负外部性最小化，在严守安全底线的前提下为新业态发展留足空间。对已经形成较好发展势头的新技术业态，量身定制分层分级、层级对应的监管模式和监管责任制度，避免用老办法管理新业态。

加快完善法规体系，织密高质量发展制度篱笆。充分把握平台经济发展规律，持续完善法律法规及指南、指引、标准等配套制度，增强监管执法的规范性和透明性，提升监管规则的体系性和适应性，进一步稳定市场预期。一是优化平台经济数据和算法管理规则，建立健全分级分类制度和标准细则，区分具体应用场景，厘清平台责任边界，在供应链各主体间建立公平、适当比例的责任分配制度。二是梳理优化平台经济监管政策，对不符合发展规律的政策举措予以调整完善，营造激发企业内生动力和发展活力的营商环境，做到新旧政策有序衔接、平稳过渡。三是细化执法自由裁量权，探索建立免罚清单制度。根据不同的平台类型、不同的违法违规情节采取相应不同层次与梯度的监管工具和软性执法工具，最大程度地保障市场主体合法权益。

加快构建协同格局，凝聚政府社会共治合力。平台经济与生产生活广泛融合渗透，推动平台经济高质量发展是一项长期的系统工程，更加需要增强全局观、系统观，加强顶层设计和统筹协调。一是建立跨部门协调机制，

对平台经济领域重大问题加强协同研判，进一步完善运行规则，加强业务协同，有效整合监管资源，防范"合成谬误"和"监管踩踏"，以政策合力有效提振市场主体预期。二是鼓励企业、第三方机构、公众等利益相关方有序参与政策制定和常态化治理中，充分发挥社会和第三方机构专业技术能力，提升监管水平，建立健全与平台企业的常态化沟通交流机制，畅通意见诉求反馈渠道，完善相关政策措施。

（二）激发平台经济创新活力，培育新质生产力

推动平台企业加大科技创新力度。引导平台企业进一步发挥平台的市场和数据优势，积极开展科技创新，提升核心竞争力。一是鼓励优势平台企业加大底层核心技术创新的资金、人才、资源投入，优化研发费用结构，加快人工智能、云计算、区块链、操作系统、处理器等领域的技术研发突破，开辟新领域新赛道，创造新动能新优势。充分发挥平台领军企业"出题"功能，支持关键领域战略性产品研发，鼓励龙头企业牵头组建创新联合体，推进关键软件技术攻关。加强优势平台企业与科研机构合作，积极参与国家实验室建设，建立技术研发中心、产业研究院、制造业创新中心等创新平台。二是深化数据资源开发利用，以促进数据合规高效流通使用、赋能创新发展为主线，完善数据基础制度，加强数据分级分类管理，建立数据可信流动体系，推动数据要素跨平台有序开放互通，激活数据要素潜能。三是利用国内大市场规模优势，吸引更多海外资本流入。

推动平台企业加强数实融合发展。推动5G规模应用推广、工业互联网创新发展、制造业数字化转型等重大工程，激发全行业创新创业复苏氛围，带动一批新产业、新业态和新模式。一是推动工业互联网在重点行业、企业及产业园区中规模化应用，积极编制发布细分行业融合应用指南，挖掘培育

垂直行业应用试点场景和示范工厂，打造可复制、可推广的赋能经验路径。加大工业互联网企业梯度化培育力度，支持工业、信息通信企业等结合自身优势，提供低成本、轻量化解决方案，提升工业互联网服务能力。二是支持平台企业依托市场、数据优势，赋能生产制造环节，发展按需生产、以销定产、个性化定制等新型制造模式。鼓励平台企业加强与行业龙头企业合作，提升企业一体化数字化生产运营能力，推进供应链数字化、智能化升级，带动传统行业整体数字化转型。三是深入实施"上云用数赋智"行动，实施中小企业数字化赋能专项行动，按垂直行业、领域分类，提供全云化、低成本的数字化转型产品和服务目录。加强对"链主"企业带动产业链上下游数字化转型的引导，发挥龙头示范作用，带动中小企业联动创新。

推动平台企业提升拓展消费和扩大就业能力。一是鼓励拓展"互联网+"消费场景，改善用户消费体验，构建有活力的消费生态，以新场景和新体验创造新需求。提供高质量产品和服务，促进智能家居、虚拟现实、超高清视频终端等智能产品普及应用，发展智能导购、智能补货、虚拟化体验等新兴零售方式，推动远程医疗、网上办公、知识分享等应用。二是鼓励运用人工智能、区块链、数字孪生、扩展现实等创新技术打造面向未来的多元应用场景。鼓励参与智慧城市建设，打造智慧商圈、智慧街区和未来社区。鼓励参与公共服务优化，提供无障碍服务，开展数字帮扶，不断增进民生福祉，提高人民生活品质。三是完善与灵活就业和新就业形态相适应的劳动者权益保障机制，强化平台责任，鼓励平台企业发挥生态优势，面向市场需求开展重点人群职业培训。

（三）优化平台经济发展环境，提升综合竞争力

制定精准支持政策优化综合营商环境。一是支持符合条件的平台企业加

快上市融资和再融资，拓宽平台企业融资渠道。二是加大数字人才留存和吸引力度，完善技术移民制度，简化数字人才签证条件和手续，开辟全球顶尖数字人才"绿色通道"。三是加快构建以企业为主体的人才引育留用机制，鼓励平台企业争夺数字人才，优化海外人才引进制度，吸引更多海外人才，尤其是华裔人才来华、归国，创造更多就业机会和发展平台。

打造共赢数字生态提升全球化发展水平。加强国际合作共赢，支持平台企业产品和服务出海发展，引导用好国际市场、国际资源，妥善应对国际风险挑战，打造开放共赢数字生态。一是加快推进加入高标准国际协定，积极推动加入《全面与进步跨太平洋伙伴关系协定》（CPTPP）和《数字经济伙伴关系协定》（DEPA）进程，对标相关规则、规制、管理、标准，深化国内相关领域改革。二是指导帮助平台企业积极应对、减轻相关限制措施对企业出海的负面影响。培育知识产权、商事协调、法律顾问等专业化中介服务，试点探索便捷的司法协调、投资保护和救济机制，保护我国平台企业和经营者在海外的合法权益。三是完善海外仓支持政策，扩大政策受益范围。鼓励海外仓企业整合海内外资源，利用高效的跨境仓储物流网络体系及海外末端配送体系，为中小企业走出去提供坚实可靠的供应链保障。鼓励商业银行等金融机构为出海平台企业提供更加多元化、便利化的跨境金融服务，助力平台企业加速提升国际化经营能力。

第八章

总结与展望

平台经济作为数字时代生产力新的组织方式，有力推动了生产创新方式、企业形态和产业组织方式的变革，在经济社会发展中的基础支撑、创新驱动、融合引领作用日益凸显。与此同时，平台经济的蓬勃发展也给政府治理带来一系列新的挑战。本书从互联网的兴起出发，描述了互联网平台经济的崛起历程，并由此切入，围绕平台崛起对经济、社会带来的影响和其本身的技术特征等维度，阐述了平台引发的治理难题，以及不同国家和地区的治理方案与应对措施。当前，由平台企业书写的精彩篇章仍在继续，互联网平台企业在全球市值排名前十榜单中仍然占据着半壁江山，在新一轮人工智能发展浪潮中依然扮演着重要角色。围绕互联网平台有关的数字治理、技术治理议题讨论也同样未曾停歇。通过本书的研究可以看出，对于互联网平台治理的每一个具体议题而言，如何实现最优治理尚无定论，不同国家和地区基于各自考虑最终做出的政策选择也不完全相同。随着平台经济的演进和发展，政府治理也在摸索中前行与完善。深入理解不同治理方案背后的逻辑与出发点，从中总结和发现一些趋势与特征，将帮助我们更好地展望未来的道路，指导我们更好地做出决策，助力互联网平台迈向下一个繁荣。

　　平台经济不同的发展水平是各个国家和地区平台治理道路选择差异的重要影响因素。从美国来看，夭折的"守门人"提案、广泛的平台免责保护、有限的个人信息保护等，均体现了其在监管本土平台企业时"雷声大雨点小"的特征。从欧盟来看，无论是在竞争政策改革，还是在个人信息保护立法，抑或是在强化平台责任和推动人工智能立法等方面，其始终走在数字领域监管和规则制定的最前列，除将公民权益视作核心保护利益外，其还通常会将中小企业利益置于更优先位置，对大型平台施加更加严格的义务和要求。从其他国家来看，选择效仿和跟进欧盟的监管者众多，致使数字领域出现较为明显的"布鲁塞尔效应"。全球范围内平台治理呈现的地区分化现象，实则反映出不同国家和地区平台经济发展水平存在较大差异。在世界各国竞相将数字经济作为抢抓新一轮科技革命和产业变革新机遇、构建国家竞争新优势的战略重点背景下，基于本土利益的考量，许多国家和地区成为"欧盟模式"的效仿者存在一定的必然性，特别是在对超大型平台的竞争规制方面。因此，本土平台经济的发展水平始终是影响一个国家和地区平台治理选择的重要因素之一。

多政策协同与多目标平衡是不同国家和地区平台治理面临的共同挑战。对互联网平台的治理既涉及传统反垄断及媒体、广告等行业的监管，又包括对数据、人工智能等新要素、新技术的监督。与此同时，在制定相关政策法规时，还需要考量和平衡国家、社会、公民、产业、大企业和中小企业等多元主体的利益，处理和协调好发展与安全、效率与公平、活力与秩序、国内与国际等多重关系。而不同利益主体、不同价值目标间往往存在冲突，例如个人信息保护与企业对数据开发利用、数据价值挖掘需求之间的矛盾，防范人工智能安全风险与促进技术创新应用之间的矛盾等，如何平衡与取舍对各国政府治理能力构成极大考验。从全球主要国家和地区已有平台治理相关政策法规来看，基于各国发展实际，明确治理目标的优先级，进而制定治理举措、保持政策平衡，或是现阶段的最佳选择。

人工智能成为平台经济发展新变量。当前，以大模型为代表的新一代人工智能技术突破和应用创新不断加快，正加速与实体经济深度融合，深刻影响经济增长、科学发现、劳动就业、收入分配等生产与生活的方方面面，为社会生产力进步和人类福祉增进提供了巨大潜能。可以预见，随着人工智能在语义理解、视觉感知和逻辑推理等方面的能力突破，其应用场景和领域将进一步扩展，对各行业的颠覆和重塑将会继续上演。而互联网平台作为人工智能技术创新的引领者，其通过对接需求侧与供给侧的规模效应，将加快人工智能在制造、政务、金融、能源等重点领域的技术扩散和应用赋能，各场景应用需求升级将进一步反哺技术和产品能力迭代升级，为颠覆式创新的出现和产业变革创造机会。人工智能在为平台经济发展带来新动力的同时，也为平台内容治理、算法治理等带来一系列新挑战，其引发的安全风险正受到全球普遍重视。各国政府加快制定备案管理、风险评估、"监管沙箱"等监管举措，平台企业通过红队测试、价值对齐等技术治理工具提升安全水平。目前，全球范围内尚未形成具有广泛共识的人工智能治理框架，如何构建开放、公正、有效的治理机制，更好地促进人工智能造福人类仍需要各方深入研究探索。

我国持续释放支持平台经济发展的积极信号，平台企业被寄予厚望。2023年7月，《中共中央、国务院关于促进民营经济发展壮大的意见》提出要引导平台经济向开放、创新、赋能方向发展，补齐发展短板弱项，支持平台企业在创造就业、拓展消费、国际竞争中大显身手，推动平台经济规范健康持续发展。

国家层面支持平台经济发展的积极信号不断释放，支撑平台经济发展的资源要素条件仍然稳固。展望未来，平台企业在引领发展、创造就业、拓展消费和国际竞争中将肩负起更大使命、发挥出更大作用，政府部门将积极推动我国的超大市场需求、完整产业体系、丰富应用场景、海量数据资源等比较优势转化为互联网高质量发展的创新力和竞争力，有力推动互联网平台在培养发展新质生产力方面先行一步，中国互联网在下一个10年将谱写出更加壮丽的发展篇章，为全球互联网更好地服务人类福祉贡献出更加独特的智慧力量。

参考文献

[1] 方兴东, 钟祥铭, 彭筱军. 全球互联网50年: 发展阶段与演进逻辑[J]. 新闻记者, 2019(7): 4-25.

[2] ZHU F, IANSITI M. Why some platforms thrive and others don't[J]. Harvard Business Review, 2019.

[3] 翟巍.德国《反限制竞争法》第十一次修订部长级草案述评[J].竞争政策研究,2023 (1):5-17.

[4] CARUGATI C. Which mergers should the European commission review under the digital markets act?[J]. SSRN Electronic Journal, 2023.

[5] 郎平. 大变局下网络空间治理的大国博弈[J]. 全球传媒学刊, 2020, 7(1): 68-85.

[6] 戴丽娜, 郑乐锋. 美国"清洁网络"计划评析[J]. 现代国际关系, 2021(1): 55-62.

[7] 郭丰, 秦越. 欧盟维护数字主权的理念与行动[J]. 信息资源管理学报, 2022, 12(4): 70-81.

[8] 柳欣玥. 垄断协议规制中算法合谋分类研究[J]. 竞争政策研究,2019(5): 10-41.

[9] 刺森. 算法共谋中经营者责任的认定：基于意思联络的解读与分析[J]. 现代财经(天津财经大学学报),2022,42(3):101-113.

[10] VOSOUGHI S, ROY D, ARAL S. The spread of true and false news online[J]. Science, 2018, 359(6380): 1146-1151.

[11] Imara McMillan. Enforcement Through the Network: The Network Enforcement Act and Article 10 of the European Convention on Human Rights[J]. Chicago Journal of International Law, 2019, 20（1）：Article 7.

[12] 袁莎. 美国反虚假信息行动：内涵、手段与影响[J]. 当代美国评论,2023,7(3):84-106, 130-131.

[13] CHANDER A. How Law Made Silicon Valley[J].Emory Law Journal, 2014, 63(3):639-694.

[14] HOSKINS G T. Digital platform regulation: global perspectives on Internet governance, terry flew and fiona R. martin (eds) (2022)[M]. Switzerland: Springer Nature Switzerland AG, 2023.

[15] 张志安,冉桢. 国家介入、平台依赖与新闻业可持续发展: 欧盟与澳大利亚平台监管政策的比较及其启示[J]. 新闻与写作,2021(12):64-70.

[16] 阿希姆·瓦姆巴赫, 汉斯·克里斯蒂安·穆勒著. 不安的变革: 数字时代的市场竞争与大众福利[M]. 北京: 社会科学文献出版社, 2020.

[17] 孙宝云, 李艳, 齐巍. 网络安全影响政治安全的微观分析: 以"剑桥分析"事件为例[J]. 保密科学技术,2020(4): 27-34.

[18] TAMBINI M M A D. Digital dominance: the power of Google, Amazon, Facebook, and Apple[M]. New York, NY: Oxford University Press, 2018.

[19] LIANOS I. Book review: big data and competition policy, by Maurice E. stucke & Allen P. grunes, 1st edition. (oxford, UK: Oxford university press. 2016)[J]. Big Data and Competition Policy, 2016.

[20] 李强治, 刘志鹏. 平台经济反垄断的德国经验："数字竞争法"的创新与借鉴[J]. 新经济导刊, 2021(2): 47-52.

[21] 徐伟. 企业数据获取"三重授权原则"反思及类型化构建[J]. 交大法学, 2019(4): 20-39.

[22] 张丽丽. 数据安全监管的欧盟经验及对中国的启示[J]. 北京经济管理职业学院学报, 2024, 39(1): 3-9.

[23] 刘冲,赵精武.论数据跨境规制的一般行动框架[J].中国网络传播研究,2023(01):99-123,261-262.

[24] 谢栩楠. 算法合谋反垄断规制的原理、挑战与应对[J]. 深圳社会科学,2021, 4(2): 107-119.

[25] 刘佳. 人工智能算法共谋的反垄断法规制[J]. 河南大学学报(社会科学版), 2020, 60(4): 80-87.

[26] 宋思源,夏霖,王雨青.中美数字经济比较及展望[J].中国外资, 2023 (11):76-80.

[27] 王燕,李菁.美国出口管制清单制度对中国的影响及应对[J].经贸法律评论, 2022 (5):16.

[28] 杰奥夫雷G. 帕克, 马歇尔 W. 范·埃尔斯泰恩, 桑基特·保罗·邱达利著. 平台革命：改变世界的商业模式[M]. 北京：机械工业出版社，2017.